# 問題の解決に効く100のビジネスサプリ

菅野寅太郎 著

セルバ出版

# はじめに

あなたは、ビジネスで思いどおりにいかず、困ったり疲れたりしていませんか。

もし困ったり疲れたりしておられるなら、今日本書を手にしたあなたはラッキーです。

本書にはあなたを勇気づけ、問題を解決するためのたくさんの「読むサプリメント」を処方していますので、きっと明るく元気になれます。

ところで、なぜビジネスは思いどおりにいかないのでしょうか。

その理由は簡単です。ビジネスは、物理学のように法則で結果が導き出されるような再現性がないからです。

ピサの斜塔の最上階から鉄球を落とせば、誰が落としても必ず同じ速度で落ちていきますが、ビジネスはどうでしょうか。

例えば、同じ店舗で同じ品揃えで、しかも同じマニュアルを用いて販売しても、店主によって売上も利益も変わってきます。

そうです、ビジネスは再現性がないのです。だから問題に関する解決策も一件、一件、異なりますので、困ったり、疲れてしまったりするのです。

しかしながら、問題があるなら、必ず解決策があるはずです。

先ほど、ビジネスは再現性がないと申しましたが、ある程度の法則性はあります。本書はその法則性に照準をあわせて、具体的な１００の事例を集めることであなたに気づきをあたえ、あなたを元気にします。

本書は読み切りスタイルですので、どの項目からでも読むことができます。手に取って気になるところからお読みください。

平成26年３月

菅野　寅太郎

# 問題の解決に効く100のビジネスサプリ　目次

## 第2章　仕事で行き詰まったときに効くサプリ20

## 第3章 ビジネスアクションに効くサプリ20

## 第4章 マネジメントに効くサプリ20

## 第5章　ビジネスセンスアップに効くサプリ20

# 第1章　理念・戦略の策定に効くサプリ20

## 1　本質のためにリスクをとる

### お客様に感動を頂戴したエピソードをＤＶＤにして社内研修の資料として利用

Ｄ運送会社（従業員数14万人なのに、本社はわずか３００人という少数精鋭会社）のＴ人事課長のお話です。

Ｄ運送会社では、従業員のモチベーションアップのために、ドライバーとして働いていて、お客様に感動を頂戴したエピソードを収集し、ＤＶＤにして社内研修の資料として利用しています。

教育用ＤＶＤは20分程度のものですが、本当にすばらしいエピソードばかりで、良くまとめられています。

### ご高齢の家にＤＶＤプレイヤーを配達した際のエピソード

ご高齢のおじいさん、おばあさんしかいないお家にＤＶＤプレイヤーを配達した際のエピソードです。

ドライバーがそのお家に配達してみると、自分達は高齢でＤＶＤプレイヤーが設置できないので家に上がって設置してくれとおっしゃるのです。ドライバーはしぶしぶ了解し、ＤＶＤプレイヤーを設置したところ配達物の中に１枚のＤＶＤが添えられてありました。

　これまた、自分たちでは再生のやり方がわからないので再生して欲しいというご要望があり、ドライバーはしぶしぶ了解してＤＶＤを再生してみると、かわいいお孫さんからの映像メールではありませんか。おじいさんとおばあさんは、涙を流して喜んでくれたというお話です。

　本当に感動的なお話なのですが、会社として正式に教育ＤＶＤで使うとなると、お客様のニーズであれば家に入ってよいという話になり、とても大きなトラブルに発展する可能性がある旨を指摘しました。

## 自分の会社の仕事の本質は何か

　菅野さんの指摘はごもっともなのですが、我々の考える運送業とは『荷物を運ぶのではない、お客様の真心を運ぶのだ』という信念のもと、お客様のお荷物をその真心と一緒に運んでいるのです。

　確かに家に入らなければトラブル、リスクはありません。

　しかしながら、トラブルが怖くて、何が何でも絶対に家には入らないというドライバーばかりの会社になるほうが、余程怖いのです。それでは単にモノを運んでいる運送会社になってしまいますからね。

　Ｔ課長は異例の出世で40歳代前半にもかかわらず海外現地法人の社長に抜擢されて、今も活躍しています。彼もさすがですが、抜擢した役員たちも大したものです。

## 2　売れる商品開発のコツ

### 一歩も二歩も先に行く商品は売れない

売上約３００億のプラスチック製品を中心とした上場企業メーカー（従業員数約９００名程）の常務から伺ったお話です。

その会社は、売上当期純利益率が常に５％強ある会社で、一工夫した開発商品で差別化をはかり価格競争に巻き込まれない戦略をとっておられる会社です。

したがって商品開発が肝ですので、売れる商品開発のコツを伺ってみました。

「一歩も二歩も先に行く商品は市場がついてこないので売れない。半歩先程度が一番売れるが、実のところどのような商品が売れるかは誰にもわからない。アイデアレベルでできた商品をドンドン市場に投入し、市場に判断してもらい、売れなければ即、廃盤にするというくらいの考え方で前に進まなければヒット商品はできない」とのことでした。

業界、業態により開発費用が異なるので、一概には言えませんが、一つの考え方です。インタビューや市場に関するデータの収集等、市場調査等の費用は馬鹿にならないものです。

朝令暮改でトライしてみるのも一つの手段です。

# 3　新しいことをしなければ、付加価値は低下し続ける

## グーグル20％ルール

グーグル20％ルールというのは、業務の時間の20％を担当実務以外の仕事に費やしてもよいというルールのことです。

おおよその会社で起こっていることですが、誰もが日々の業務で忙しいです。よって日常のルーティン業務に埋没してしまい、会社や商品の付加価値を大きく向上させるような視点での仕事を後回しにしていたり、全く考えない、行動していないということがよくあります。

ですから、飛躍的発展を遂げている会社でもスティーブ・ジョブズ氏のようなカリスマ経営者がいなくなってしまうと、切り口の違う高付加価値の新しいことができなくなってしまい、成熟産業頼みの経営が進み、そして、いずれ衰退してしまうというようなことが発生しています。

## 新しい仕事に取り組める仕組みをつくる

グーグル社の20％ルールは、いわゆる「イノベーションのジレンマ」対策として人件費の20％の投資を会社の仕組みとして継続的に行っていると言えるのではないでしょうか。

「イノベーションのジレンマ」とは、巨大企業が新興企業の前に力を失う理由を説明した企業経営の理論で、ハーバードビジネススクール教授のクレイトン・クリステンセン氏が、１９９７年に初めて提唱した理論です。

大企業では、一般的に既に規模の大きい既存事業が成立しています。その既存事業は当然、企業において大きな予算、多くの人員を擁し、会社全体への影響力は大きいものです。

大企業ではその既存事業とは別に研究開発が行われていることが多いものですが、新しく開発されたシーズや新たに発見されたニーズは既存事業が順調であるがゆえに、その新規ビジネスの可能性の芽を摘んでしまいます。

なぜそのようなことになってしまうのでしょうか？

それは、新規ビジネスを行わなくとも直ちに会社の業績が悪化することもなく、また、新規ビジネスは新たなリスクも伴い、場合によってはカニバリズム等により既存事業に悪影響を及ぼす可能性もあるからです。結果、新たな特色を持つ商品を売り出し始めた新興企業に大きく遅れを取ってしまうことがあります。これを「イノベーションのジレンマ」といいます。

あなたの会社ではどうでしょうか。

会社の仕組みとして必然的に新しいことに取り組めるようになっていますか？

きっと、あなたの会社にはスティーブ・ジョブズのような救世主は現れません。何かしらの仕組みづくりが必要かもしれません。

# 4　売上は減ってもいい

合理的な条件変更の要請を理解していただけない得意先とは取引をやめる

経営が立ち行かないか、あるいは利益が芳しくないメーカーや卸売会社等、ＢtoＢで行っている事業の経営改革の一手法です。該当される会社の経営者がおられたらご一考ください。

まず、手始めに売上の内容を精査するため、得意先ごとに売上総利益率をプロットしてみてください。すると、薄々、感じていた恐ろしいことが目の前に具現化されて目に見えてきます。

本来、粗利益率の理論上のあるべき姿は、取引規模にかかわらず一定か、取引規模が大きくなるにつれて売上総利益が下がっていく（大口得意先を有利にする）べきです。

つまり、プロット図は横に平行か取引規模が大きくなるにつれて売上総利益率が下がるはずです。

しかしながら、理論通りのプロット図となる会社はまずありません。

なぜそんなことになってしまっているのか。

それは当たり前の話で、どの会社にも歴史があり、また得意先との関係性は理論だけで割り切るわけにいかない経緯があるからです。

しかしながら、業績が芳しくない、あるいは倒産の可能性すら考えられる状況ではそのようなことは言ってはいられません。叱られるとか、取引を打ち切られるとか嫌なことを先送りにできる状況ではないのです。

こちらの合理的な条件変更の要請を理解していただけない得意先だったら、良い関係は続けられないと割り切り、その取引はやめるしかないのです。放置しておけば、ジリジリと倒産が近づいてきます。

## 倒産の可能性があるときは荒療治が必要

もちろんあるべき売上総利益率については慎重に検討せねばならないものの、決断せねばなりません。売上減少を認めるのは中長期的視点では経営者の判断としては間違っているでしょう。

しかしながら、合理的な条件変更の要請をご理解いただけない得意先との取引は、実際のところ、よくよく人件費などのコストをシッカリと計算してみると、お金を差し上げている場合があるのです。少し乱暴な表現をするなら、売れれば売れる程、お金がドンドン流出しているのです。

本当にそんなことがあるのかとお考えかもしれませんが、利益の少ない得意先はおおよそ「うるさい」得意先である場合が多く、何かしら頻繁に営業担当が呼び出されていたりしています。

一方、優良な得意先ほど、営業担当者が訪問していなかったりもします。

経営が立ち行かなくなった時点では短期間で結果のでる荒療治が必要です。今が決断のときかもしれません。

## 5　本質を振り返ろう

### イニシアティブをとって少しでも良い方向に進もうという努力が大切

抑止力としての「武装」や「核」の必要性が述べられる場合があります。それも、現状を鑑みると否定はできませんが、本質はそこにはありません。

「戦争がないこと」＝「平和」ではないのです。

身近なことで考えてみればよくわかりますが、近隣住民同士が家の前で両者とも包丁を握りしめてにらみ合った状態を想像してみてください。あなたは平和だなと感じるでしょうか。

ただ、喧嘩が起きてないだけでは、平和とは言えないです。かといって、仮に片方の人だけが包丁を投げ出したら、もう片方の人は切りかかられないとも限りません。

ですから、今のままでよいというのも成り立たないと考えます。

今の状態を「良」とはできませんし、更に安全のために武装しなければ！　という考え方は方向性が違っています。

両者で包丁を同時に捨てる話し合いがつき、仲良くできるのがベストですが、裁判所に調停を申し出るとか、どちらかがイニシアティブをとって少しでも良い方向に進もうという努力が大切です。

## あきらめずに一歩一歩進もう

ある専門業界紙を出している中堅の新聞社からインタビューを受けたときの話です。その新聞社はよく言えば歴史がある、率直に言えば古い会社であり古い体質の会社でした。今時、そんな会社があるのかなという人事制度です。ほぼ、パーフェクトに近い年功序列型賃金なのです。専門業界紙と言っても大手は営業・販売部門と記者の部署とでは完全に分断されており、取材時に新聞の定期購読を求められることはありません。しかしながら、中堅以下の新聞社では一般的に記者にも一定程度、販売促進のための目標売上数が定められています。

インタビューの終了後、ご多分に漏れず「何とか半年だけでも良いので新聞をとってもらえませんか？」と話を持ちかけられると思っていましたが、全く新聞購読をすすめられません。

若い記者でしたので、逆に「新聞の購入をすすめなくていいの？」と伺ったところ、いくら売ったところで給与や賞与に影響がないのでヤル気を失くしているとのことでした。

会社もしかりで、惰性でやむなく実施していることがあると思います。古い商慣習が残っていたり、人事システムが陳腐化して、みんなのヤルキが出なかったり、いろいろあると思います。

しかしそれを「良」とするのではなく、役割や部署にかかわらず、小さな力かもしれませんが、自分なりに経営理念を踏まえて是非を判断し、将来展望を見据えて進むべき方向に進もうとする勇気と努力が大切です。

あきらめずに、一歩一歩、前に進みましょう。

# 6　選択と集中を考えてはいけない

## 選択と集中は、経営戦略の定石

業績不振から脱却を考える場合、会社としての「強み」、個人事業主であれば個人の「強み」は何かを考え、その事業に選択と集中することは、経営戦略の定石です。

よって、私のコンサルタント先でも経営者、個人事業主の「強み」を知るために、従業員にヒアリングしたり、ＳＷＯＴ分析を行いますが「よくわからない」といったことが少なくありません。業績不振のために、自信を失っているためです。

ご存知の方も多いと思いますので蛇足かもしれませんが、少しＳＷＯＴ分析に触れておきますとＳＷＯＴ分析とは、経営戦略策定等の意思決定を行うための分析ツールとして活用されることが多い分析方法です。外部環境や内部環境を

①強み（Strengths）
②弱み（Weaknesses）
③機会（Opportunities）
④脅威（Threats）

の４つのカテゴリーで分類してマトリックス図を作成し分析するのです。

ＳＷＯＴ分析の名称の由来は４つカテゴリーの頭文字を並べてＳＷＯＴ分析といいます。

１９６０年代から７０年代にスタンフォード大学で研究プロジェクトを率いたアルバート・ハンフリー氏により構築されたといわれます。そのＳＷＯＴ分析でポイントとなるのは、「何と比較するか？」です。したがって、正しくＳＷＯＴ分析を行うと、本当に強みがない場合もあります。

なぜなら、本来、見つけ出すべき「強み」はターゲット市場で競争優位にある事象が「強み」ですので、自社で考える「強み」はあっても、実のところ、その市場では「強み」とは判断できない場合もあるからです。

## 捨てるモノは何かを考える

では、どうするのか。「捨てるモノは何か？」を考えていただくのです。

いずれにしても業績不振の場合、経営の「重さ」を除去するために、何かしら「捨てる」必要があり、「捨てる」ことで自動的に「選択と集中」が行われるのです。

「選択と集中」の有名事例であるジャック・ウェルチ氏のＧＥ再建については、アドバイスを行ったドラッガー博士から「30を超える事業の中で、今、もしも行っていなかったとしたら絶対に手をださなかったものは？」という旨の質問であったそうです。

つまり、まずは、「捨てる」ものは何かを考えたということです。

# 7　経営理念はなぜ重要か

## 経営理念に基づく施策を行う

神戸三宮にあるカレーショップ「俺のカレーグリルピラミッド」は、約1年の間に４回テレビ放映され、そして読売新聞にも取り上げられましたが、大きく取り上げられるのは「ジョーク20円」です。

このアイデアはマスコミ受けを狙って、奇をてらった策を講じているわけではありません。あくまでも経営理念に基づき行われている施策なのです。

## 経営理念はお客様に笑顔を！

この「グリルピラミッド」の経営理念は「お客様に笑顔を！」です。「笑顔」には、カレー自体が「美味しいこと」はもちろんのこと、「健康」もかかせません。カレーは３日以上の時間をかけ、健康に留意した材料を使用してつくっています。

「グリルピラミッド」には管理栄養士さんがいますので、管理栄養士さんの監修のもと、油は未使用とし、小麦粉も使用していません。材料の詳細は申せませんが、さまざまな香辛料や高価なイカスミまで入っています。お客様から薬膳カレーとご指摘いただく場合もあります。

また、「笑顔」のためには良い伴侶が必要であろうということから、社会情勢を鑑み、一つの施策として「婚活カラオケパーティー」を年数回実施しています。

さまざまな施策は経営理念に沿ったものでないと、場渡り的なものになり、一貫性のない会社や店舗となってしまいます。売上や利益を上げることだけを考えるのなら、さまざまな施策が実行可能です。

例えば、天ぷら専門店で経営理念が「天ぷらを通じて日本の食文化に貢献する」といった店舗であってもカレーを売ることすらできるのです。それでは一貫性のある経営は不可能ですし、仮に短期的には売上が上がったとしても先行きは暗いです。

## 経営理念は判断のモノサシ

経営理念は、施策実行を判断するための「モノサシ」であり、「羅針盤」です。経営理念は会社や経営者の人生観です。企業でなく、家庭にも成立の経緯や歴史があり、言葉に表したり文書化ができるかどうかは別として家庭ごとの文化、価値観があります。つまり理念があるのです。

ですから、そこで育った子供達も成長するにつれて子供達なりの判断基準を持つことができ、一貫性のある判断ができるようになります。経営理念が組織として重んじられていない場合や明文化されていない場合は、あらためて考えなおしてください。会社が生まれ変わります。

# 8　ナンバーワンにならなくてもいい

## 「オンリーワン」は必ずナンバーワン

有名な某歌の歌詞に「ナンバーワンにならなくてもいい、元々、特別なオンリーワン」とありますが、人間としての人生観、世界観としては、全く正しいと考えますし、気持が癒されますね。

しかしながら、ビジネスの世界で考えてみると?!　と感じます。

なぜなら、ナンバーワンが「オンリーワン」でない場合はありますが、「オンリーワン」は必ずナンバーワンだからです。

ビジネスの成功シナリオの一つとして市場を切り分け、つまりセグメント化してその市場で「オンリーワン」、つまりナンバーワンを目指す手法は定石の一つです。いわゆるニッチャービジネスです。

この戦略の要諦はまさに市場の切り分け方なのです。市場をあまりに細分化すると、市場規模が小さくなりすぎてビジネスがなりたちませんし、かといって大きな市場で括れば「オンリーワン」、ナンバーワンになれません。

## 「個性」は売れても売れなくても「オンリーワン」

ビジネスにおける「オンリーワン」の良い例は、芸能界でしょう。ユーミンでもSASでも個人の特性が主なビジネス商材ですので、まさしく「オンリーワン」のビジネスです。

一方、全く売れていない、つまりビジネスとして成り立っていない芸能人であっても個人の特性が主な商材ですので、売れても売れなくても同じく「オンリーワン」なのです。

違いは何か。例えばユーミンの場合、音楽市場を何かしらの基準で切り分けると、女性ボーカルのポップス等（↑切り分け方は正しくないと思いますが）、ナンバーワンに近いポジショニングになるはずです。

ところが、残念ながら売れていない方はビジネスとして成立する規模の市場でのナンバーワンは獲得できていないのです。

もちろん「オンリーワン」ですが、残念ながら、ビジネスの世界では、「ナンバーワンにならなくてもいい、元々、特別なオンリーワン」とはいかないようです。

人生観や価値観としては、ナンバーワンにこだわらない生き方には賛同いたしますが、努力しなくて良いということにはならないと思います。努力した結果、ナンバーワンにならなくてもガッカリする必要はないということならとてもシックリきます。

また、本来の歌詞の解釈としても、ナンバーワンに拘る必要がないという意味であり、努力しなくてよいという意味ではないと思います。厳しいですが、がんばるしかありません。

# 9　おもてなしの心―値千金の白いタオル

## 暑かったでしょう、タオルをどうぞ

ある倉庫会社での話です。倉庫会社は一般的に空調機がありません。

暑い夏の日の話です。お客様が在庫確認のために倉庫内に入られるとのこと。１～２時間たったでしょうか。お客様がブルブル汗をかいて、倉庫から出てこられました。

「暑い中、お疲れさまでした。なにぶん、空調機がないので、本当に暑かったでしょう。申しわけありませんでした。タオルをどうぞ！」

## マニュアルではなく自分の頭で考える

なんと、その事務員さん、こういうときのために、自宅から真っ白なタオルを持参していたのです。

その事務員の方は誰から指示をされたわけでもなく、独自の考えで準備していたのです。

お客様は、「今までいろいろな倉庫会社にいったが、乾いた真っ白なタオルを出されたのは初めて」と大層、喜ばれました。おもてなしは心です。

マニュアル通り動くだけではなく、自分なりの工夫がある。とても重要です。

## 10　リーダーの判断基準の根本とは

### 商売人は政治と信仰の話はタブー

経営学の恩師にあたるO先生（飲食チェーンの創業社長で既に逝去されています）に大学生時代にご指導を賜ったお話です。O先生に第一次湾岸戦争について伺いました。

質問事項としては、「多国籍軍とイラクはどちらが正しいですか？」

当時、私は多国籍軍が絶対正義で、イラクが絶対悪とは考えていませんでした。なぜなら戦争になった経緯としては、どちらの国にも言い分があるはずで、一方が絶対的に正しく、もう一方が絶対的に誤っているとは、考えにくいからです。O先生はT国独立運動初代議長の経験を持っておられるので、この題材について、特に興味がわきましたので質問を致しました。

O先生は、商売人は政治と信仰の話はタブーであり、本来なら一切話さないが、とても大切な話で君の将来にも関わるので回答するという前置きを述べられた上でお話をいただきました。

### リーダーはメンバーを生き残らせることが究極の仕事

O先生曰く「イラクが絶対に間違っている！」。

言葉を続けられました。基本的には戦争において、一方が正しい国、もう一方が間違った国ということはないだろう。しかしながら、多国籍軍とイラクが戦えば国民はどうなる？　信条が正しかろうが、誤っていようが、イラク国民だけ一方的にたくさんの人が死ぬことになる。最後まで戦えば全滅すらありえるであろう。

人間は究極のところ、「生きたい」から意見の違いを調整し妥協する。妥協するから一緒に生きることができる。死んでも筋を通す。一見、正しいようでカッコウが良いが死が前提になった時点ですべて間違っている。リーダーの究極の仕事は一人でも多くの人間を生き残らせることだ。

## 生き延びてこそ目標達成の可能性がある

組織、会社でも同じで、意見が通らなければ会社を辞めるというリーダーがいる。潔くてカッコいいが、その人の部下達はどうなる。

派閥のトップでみんながついて来ている人物なら、なおさらだ。仮にリーダー自身が左遷されたとしても会社に残るだけで、その部下達への風当たりは全く違うよ。今は辛くてもその意見が本当に正しくて大切なことであったなら、生き延びてこそ自分の世代でダメなら、次世代があるではないか。生き延びてこそ、目標達成の可能性が残るんだよ。リーダーが行うべき判断基準の根本は一人でも多くの人々が「生きる」選択をすることだ。

今でも心に残る話です。

## 11　櫛で髪を梳くように真っ直ぐに絡みを取り去る

目先の問題を俯瞰して、本当の問題解決にあたる

ビジネスでも人生でも問題やトラブルが発生すると、どうしても対症療法をとりがちです。しかしながら、それでは本当の問題解決にはなりません。

髪の毛が絡まったとき、あなたはどうしますか。櫛を髪の根本近くに当てて、スーッととかしますね。多少の髪の毛が抜けるかもしれませんが、髪の絡みはほどけ、真っ直ぐになります。

問題解決も同じです。末端の問題に右往左往するのではなく、問題の根本をみさだめ、多少の抵抗や引っ掛かりがあったとしても怯むことなく本来あるべき姿のためにスーッと真っ直ぐに絡みを取り去るのです。

例えば、ビジネスにおいてはクレーム対応というととても厄介な仕事があります。

このような場合は、特に対処療法で済ませてしまいがちです。対応して一件落着ですね。確かにとりあえずはそれでよいでしょう。しかしながら、もう少し掘り下げてみてください。類似したクレームが発生していませんか。その場合は、必ず根っこに近いところに問題があるはずです。

目先の問題を俯瞰して、本当の問題解決にあたりましょう。

# 12　経営理念は羅針盤である

**閉園の危機に直面し改革により、劇的に来園者数は改善**

ある動物園の話です。その動物園は、ある動物の感染症をキッカケにピーク時に比較して60％減の来園者数となり、閉園の危機に直面しました。そこで、園長を始め、従業員達の改革により、劇的に来園者数は改善しました。

通常、危機を脱出すると、改善や改革は停滞します。が、この動物園は違います。この動物園は「あくなき挑戦」、「あくなき改革」が継続されているのです。なぜでしょうか。

それには、危機脱出に到るまでのプロセスに秘密があります。

その動物園が危機を脱出するためにまず行ったことは、対処療法に走ることなく、園長を始め、従業員が全員参画で、閉園の危機をキッカケにその動物園のあるべき姿（本質論）を徹底的に議論したことにあります。時には車座で、議論は深夜に及ぶこともあったそうです。

**経営理念を明確にすることで施策の方針をブレさせない！**

彼らは時間をかけた議論の末に、この動物園の基本的な考え方、つまり経営理念を「動物園は動物が主役であること」そして「来園者に満足感を与えること」としました。改革のヒントとなったのは、ヒョウの展示施設でした。

その動物園のヒョウの展示施設では小石がたくさんありました。いくら掃除を行ってもしばらく経つと小石がいっぱいになってしまうのです。よくよく、観察してみると、小さな子供達が小石を投げ込んでいるのです。

なぜ子供達は小石を投げ込んでいるのか。それは、ヒョウは夜行性であるため、見ていてつまらないから小石を投げ込んで起こそうとしているのです。

従業員達は考えました。集客を考えるなら、サーカスが芸をさせるのと同じように、子供達が喜ぶような行動を動物にさせれば良いのです。実際、ゾウに芸をさせている動物園もあります。しかしながら、従業員達の結論は違いました。

なぜなら、この動物園の基本的な考え方（経営理念）は、「動物園は動物が主役であること」と「来園者に満足感を与えること」であるからです。

従業員達は試行錯誤の上、理念である「動物園は動物が主役であること」と「来園者に満足感を与えること」を並立させる大改革の基本コンセプト、「行動展示」を考えだしました。

行動展示とは、例えばヒョウは本来、高い場所に生息しているので頭上空間で飼育するようにしたのです。子供たちは石を投げ込まなくなりました。動物が動物らしく生きる姿が見ていて楽しいからです。

## 理念による経営はあくなき改革を促す

実は、この動物園は皆さんがよく御存じの旭山動物園の話です。

来園者が十分に満たされて今もあくなき挑戦が続く理由、それは、彼らが目指すところが、来園者数や売上ではないからです。ですから「あくなき挑戦」「あくなき改革」が続くのです。

来園者に喜んでもらうことは同じでも、サーカスのような満足の与え方もあります。また、売上や来園者数を目標とする動物園もあり、それもまた、よいでしょう。

しかしながら、従業員達が判断や行動を行うための羅針盤、それは経営理念です。

あなたの所属される会社では、どうでしょうか？

あなたは、ご自身の会社の経営理念が何であったか思い出せますか？

あなたが思い出せたとしても部下や従業員達はどうでしょうか？

パートスタッフやアルバイトさん達もわかってくれているでしょうか？

現実的にはどんなに優秀な組織であっても全員が知っている、わかっているということはありえないとは思いますが、大半が知らないようでしたら、その会社は危険信号です。

なぜなら理念、すなわち方向性が皆に伝わっていてこそ進むべき方向が見えますので、各人のベクトル合せができ組織化のメリットがあります。進むべき方向が見えなければ、個人の進む方向は各人バラバラとなり、単なる「烏合の衆」、ならまだしもデメリットすら発生します。

経営理念をじっくり考えてみましょう。

# 13　些細なことでも疎かにしない

## 来客用のスリッパに関する要望提案

創業60年超で赤字決算の経験がない会社の経営者のお話です。

その会社には「提案制度」なるものがあり、従業員約１５００名から年間４０００件超の提案がありのます。当然、担当部署の確認により全社展開を行ったり、商品化するものもありますが、その担当部署だけではなく、社長自らがその４０００件超の提案すべてに目を通されるのです。

その中の提案の一つとして営業所のパートスタッフから来客用のスリッパに関する要望提案が上がっていました。その営業所によくいらっしゃる来客者（得意先）で小柄な女性の方がおられ、スリッパがパタパタして気の毒だから、小さなスリッパを購入してはという提案でした。

提案制度の責任部署の判断としては頻繁にあることではないし、また会社のサービス品質に特に影響があるわけでもない。二種類のスリッパを置くことは管理が増えるしコストアップである。またその女性の方は決済権があるといった重要な方でもない。といったようなことで、スルーしていたのです。提案の責任部署の本音としては、「そんなことはどうでもよい」「たいしたことではない」といったところです。

## お客様に喜んでもらうことがビジネスの基本

しかしながら、社長は「これは一見、些細な提案だが、その小柄な女性の方は必ず次も来るだろう。彼女は決済権のない一般社員だが、立場に関係なく重要なお客様の一人だよ。お客様に喜んでいただくことはビジネスの基本であり、とても重要なこと。こういった些細なことの積み重ねがサービス品質を決定づけるのだよ」とのことでした。

故松下幸之助翁の有名なエピソードの一つで「座布団」の話があります。宴席でお客様を迎えるときは、ご自身で座布団の裏表、前後、一直線に並んでいるか等のチェックをされたそうです。

また、10人ほどのお客様を当時の松下グループの迎賓館である真々庵に迎えた際も幸之助翁は、お客様を迎える準備をしている所員に庭に打ち水をするときは、ただ水を打てばいいというものではなく、お客様がこられたときに玉砂利や苔がまだ十分に濡れているように、何分前に水を打てばいいかを考えて打たなければならないといったことや、どのようなコースで歩いていただくか、庭を歩きながら検討し、説明内容についても指示を出したりしたそうです。

その行いの解説には諸説ありますが、「一つはお得意先様に対する気配りの重要性と、もう一つは些細と思われることがきちっとできないと、大きなことは決してできない」というお考えからのようです。

一見、些細なことに見えても、その積み重ねが重要なことかもしれません。見直してみましょう、ビジネスが生まれ変わるかもしれません。

# 14　戦わずして勝つは本当か

## 競争を回避して独り勝ちしようという戦略

「戦わずして勝つ」はご存知の春秋戦国時代の武将、孫子（孫武）が記した兵法書「謀攻篇」からの引用です。

この「戦わずして勝つ」は何か文言に違和感がありませんか。なぜなら戦わなければ「勝」も「負」も存在しないからです。

これは単なる言葉遊びにすぎませんが、実は戦略においては重要な意味があり、一歩読み違えると何か智謀的な競争回避型の戦略に聞こえます。

競争相手のない未開拓市場を切り開くというブルーオーシャン戦略なるものが謳われて、はや十年近くになります。これは「戦わずして勝つ」的な発想ですね。まさしく競争を回避して独り勝ちしようという戦略です。

しかしながら、せっかく未開拓市場を切り開くことによって「戦わずして勝った」としても、簡単に模倣可能だったり、その市場への参入が容易であれば直ぐにそのブルーオーシャンはレッドオーシャンとなり利益は守れません。

つまりその「瞬間」勝つだけなのです。ブルーオーシャンを守るためにはその市場に競争相手が参入したくなくなるほどの圧倒的な力の差がないとブルーオーシャンを守れません。

戦争で例えるなら、戦争を回避して敵のいないところに逃げ延びたとしても、相応の戦力がないとたちまち、追いつかれて攻め込まれてしまうことと同じです。

**戦わずして勝つなら、戦っても勝つ**

結局のところ、戦ったとしても圧倒的に「勝つ」戦力がなければ「戦わずして勝つ」ことはできないのです。「戦わずして勝つ」の意味するところはその市場において、競争相手の戦意を喪失させるほどの圧倒的な実力の格差を持つことを意味していると思われます。

「戦わずして勝つ」は「百戦百勝は善の善なるものに非（あら）ざるなり。戦わずして人の兵を屈するが、善の善なるものなり」という翻訳を更に部分的に意訳しています。本来の意味は「勝つ」というより「屈服させる」という意味が強いのではと思慮致します。

競争をせずに「屈服」してもらうには、その市場での圧倒的格差を身に付けねばなりません。

つまり「戦わずして勝つ」能力を持つ者からすれば、戦ったほうが楽なぐらいの圧倒的な力の差を身に着けていることを意味します。

すなわち圧倒的な戦力の差を身に着けるための努力をしてきたわけですね。

「勝つ」ことより相当の知恵と努力が必要なようです。

## 15　正しい経営ではイノベーションはできない

### コンサルティングの基本は現状把握

席数15席のカウンターだけの喫茶店オーナーからご相談いただいたときの話です。相談内容は、忙しい割に利益が少ないのでどうすればよいかというものでした。

そのオーナーは独立前のサラリーマン時代に経営企画部で15年ほどのキャリアをもっておられ数字に強い方でしたので、数字のお話は極めて簡単です。

私の頭の中ではある程度、利益アップの方策の目途はありました。

コンサルティングの基本は現状把握です。飲食店の利益は席数×利益×回転数ですので、現状のメニューで利益の高いものは何か、良く売れているものは何か、短時間で提供でき、そして短時間で食事が終わるものは何か、原材料の廃棄率も踏まえて、調査を行うことがスタートラインです。

### 何のためのビジネスか、原点に立ち返って考える

しかしながら、何か少し違うなと私は感じたのです。それは何か、オーナーが全く活き活きしておられないのです。好きで脱サラして始めた喫茶店であるはずなのにです。

お話を伺ってなぜ活き活きされていないのか理解できました。オーナーが喫茶店を開業した理由、それは本当にコーヒーが好きだからであり、本当においしいコーヒーをお客様に飲んでもらい喜んでもらいたいと考えたからだったのです。にもかかわらず、今の立地等や客層を考えると純喫茶のような店づくりは無理と判断し食堂のような今のメニューになっているとのことです。

私はもう一度、オーナーと根本的な話から相談しなおすことにしました。

## 合理的な判断では改革はできない

生活のために一定程度の収入の確保は必要なのですが、やりたいことをできないのなら脱サラした意味がありません。

ハーバード・ビジネス・スクール教授のクレイトン・クリステンセン博士の著書『イノベーションのジレンマ』では「正しい経営（合理的な判断の積み重ね）が企業を滅ぼしてしまう」という旨の記述があります。

なぜなら、頭の良い、正しい経営とは成功確率の低い「斬新なアイデア」は採用せず、上手くいっている既存のビジネスについて延長、改善、強化しようとするからです。

せっかく脱サラして開業した喫茶店、安定的収入と夢であったお客様に喜ばれるコーヒー、ある程度のリスクは伴いますが、ザックリ数字を確認したところ、並立は可能と進言させていただきました。オーナーの顔がみるみる活き活きとしてきました。

## 16　戦術で勝って戦略に負ける

### 十割打者は存在しない

「選択と集中」は戦略立案時に最も重要な考え方の一つで「選択と集中」とは何を捨てるかを決めることと要約できます。

戦術を駆使して戦闘、すなわち局地戦を全勝すれば自ずから勝利となるわけですが、十割打者がいないように、そのようなことは現実的ではありません。

したがって、将となるもの、すなわちビジネスでいえば経営者は、ビジネス全体での勝利を勝ち得るためには大局観を持ち、捨てる局地戦はどの戦闘であるかを判断せねばなりません。

戦国武将の一人、真田幸村は、みごとな戦術を駆使して三度も家康を追い詰め最後は「指呼（しこ）の間」（指さして呼べばこたえるくらい近く）まで追い詰めました。

確かに、戦術、戦闘は巧みだったでしょう。しかし、幸村に今後の日本を描いた大戦略はあったでしょうか。自ら「城中一方の将」と称する幸村の限界がそこにあったのです。

仮に幸村が家康を滅ぼしていたとしても、日本首領となったとは考えにくいですね。経営者は幸村であってはなりません。

## 大局観を持つ

局地戦の勝敗に縛られることなく、時代の流れを読み、会社の存続する意味、すなわちビジネスを通じて社会にどのような形で貢献するか、そのためにはどのような戦略を立てるのかを考える必要があります。

経営戦略を考える際、戦略レベルの意思決定では「損切り」という発想が必要不可欠です。「損切り」という言葉の本来の使い方は、株式や先物取引、不動産投資に使う用語で投資の後で取引あたりの損失を一定以下に限定するため、当初から自身の資金量を考慮して取引での損失の許容範囲を限定し含み損がその定めた金額に達したら、反対売買して清算することです。

簡単な事例でいうなら、例えば株を10万円で購入したけれど９万円に値下がりしたら売却しようと予め決めておくことです。

しかしながら実際には「言うは易し、行うは難し」で「損切り」はビジネスパーソンの心理的には本当に難しく、「見切り千両、損切り万両」という諺がある難しい話です。

自分のビジネスになると、誰しもが損が出れば出るほどもう少し頑張ればなんとかなるかもしれないと躍起になってしまいます。小規模の飲食店や小売店ではなおさらです。本当にそのような経営者をたくさん見てきましたが、イチロー選手でも十割打てないのです。

「勇気ある撤退」ができてこそ全体での勝利があります。

時代が混沌としている今こそ、経営者の力次第です。頑張りどころです。

## 17　経営計画は無視する

### 経営戦略は機能していない

私は、ほとんどの（大）企業では経営戦略がないか、機能していないと考えています。「そんなことはない」とのご指摘も多いでしょう。

なぜなら企業では経営企画部等があり、有価証券報告書の発表とあわせて、3か年計画や少なくとも1年ごとの計画を発表し、半期か四半期ごとに修正して発表しているからです。

### 経営戦略とは何か

まず、「戦略」の言葉の意味に立ち返ってみましょう。

辞書では「戦争に勝つための総合的・長期的な計略」とあります。「計略」も併せて調べてみますと、目的が達成されるように前もって考えておく手段とあります。経営戦略とは「計画」ではなく勝つための「手段」なのです。

したがって、仮に「3か年計画」に記載されている方策が戦略であるなら、経営環境が変われば直ちに計画を変更せねばなりませんが、どうでしょうか。

多くの経営企画部は増収増益の３か年計画をつくり、短ければ半年後、長くても2年目には何らかの修正を加えるでしょうが、時期に関係なく大きな経営環境の変化を契機に修正し、直ちにつくり直された３か年計画は見たことがありません。

いずれにしても期間ごとの定期変更、改訂です。したがって戦略ではなく、まさしく計画なのです。計画は計画でとても重要です。

しかしながら、その計画に経営者が縛られすぎて、チャンスを逃しては、本末転倒です。

### 計画に縛られることなく戦略を変更する

実際のところ、経営者がこの話を実行に移すことはとても難しいことだと考えます。

なぜなら、管理職を十二分に経験し、そこで評価を得て役員、そしてその中から更に選抜されて代表取締役になった方ですから、今までの経験から計画を無視するということはほとんどないと思われるからです。どちらかと言えば、ご自身も計画を遵守されるでしょうし、また管理職として第一線で活躍されたときは極めて計画を遵守させてこられた経験をお持ちだと思われるからです。

しかしながら、管理職適正と経営者適正は違うと割り切ってください。管理職は「枠の中で精一杯働く、そして部下を働かせる」ことが仕事でしたが、経営者は「枠からはみ出す」ことが仕事です。

経営者は、計画は計画として、一旦、横において、今の経営環境をシッカリと読み、今、打つべき戦略を実行してみてください。

## 18　ローマは一日にしてならず

### タニタの歩み

タニタ食堂で耳目を集め、健康のリーディングカンパニーとして名高いタニタ。

しかしながら、もともとは1923年に谷田賀良倶商店という名前で創業し、シガレットケースや貴金属宝飾品の製造販売、時計の外装部品などを製造する下請業者だったことはご存知でしょうか。

タニタは日本初のターンオーバー式のトースターの製造を開発するも下請け、電子ライターも価格競争で負けて撤退、タニタ食堂の前身となったベストウェイトセンターも採算があわず閉鎖となっています。

そんな中でヘルスメーターの製造販売を通じてノウハウを蓄積し、そのシーズをもとに開発、今のタニタがあります。

「ローマは一日にしてならず」です。ローマ人がイタリヤ半島を統一してローマ帝国を築くまでには約500年（一説には700年）かかったともいわれています。

失敗もあるでしょうが、くじけず頑張るしかなさそうです。

# 19　コントロールできるものから手をつける

## 業績不振のときに最初に手を付けるべきものは何か

業績不振の場合に、一番最初に手を付けるべきものは何でしょうか。

気分的には前向きに売上アップの方策を検討し、実施したいところです。

しかしながら、そのようなことはまず、無理と考えねばなりません。なぜなら毎年、一生懸命考えているのに結果が出ていないことだからです。

では、何から手を付けるのか。

①従業員の時間の使い方を改善する

時間は会社内部の調整と、自分達の工夫でなんとでも変更できるからです。

②経費を見直す

やみくもに削減せよと言っているのではありません。企業規模が大きい会社では備品の見直しだけでもみるみるコストダウンできます。経費の節減は売上と違ってそのままの額が利益に影響していくので小さな額でもバカにできません。

③価格を再考する。

これが一番、難しいですが、実行せねばなりません。「価格」は粗利益を意味します。すなわち粗利益率です。これも自分達で決めていますので、変更可能です。併せて品ぞろえも見直す必要があります。

## 他責にさせない環境をつくる

学生時代にご経験はありませんか。

先生の教え方が悪いから勉強ができないんだとか、もう少し身長があったら県大会に行けるレベルまで運動ができるようになるのになあとかです。

よくよく考えれば社会人になってからも言っていますね。

営業成績が悪いのは担当エリアが悪いからだとか、上司の理解力が低いので企画案が通過しないとか、部下がもう少し頑張ってくれたらなあとかです。

業績不振時はなおのことです。他責にする要素は少し考えただけでいくらでも出てきます。給与が低いから頑張る気がしないとか、いくら頑張っても何も良くならない頑張るだけ無駄だとか、人がドンドンやめて一人の負担が増えてどうしようもないとかです。

業績不振時は一般的にモラルが下がっており、他責にしてしまいがちです。コントロール可能なものに手を付けることで、社内にピリッとした緊張感を出さなければなりません。すべて自責の話ですので、結果から逃げれません。チャレンジしてみましょう。

# 20 「ソーシャルグッド」としての差別化とは

## 自殺予防のキャンペーン「生命の橋」プロジェクト

商品の差別化を考えない経営者はないといっても過言ではないぐらい差別化は重要です。しかしながら、なかなか商品を差別化するためのアイデアは浮かばないものですし、商材によっては特に差別化が難しいものもあります。

生命保険という商材も、商品の差別化が難しいものの一つです。先進国の中でトップクラスの自殺率である韓国の生命保険会社、S生命の取り組みをご紹介しておきます。

ソウルの中心を横切る漢江（ハンガン）にかかる麻浦（マポ）大橋。５年間で１００件以上ともいわれる投身自殺が発生し「死の橋」とも呼ばれていたそうです。

この橋で、自殺予防のキャンペーン「生命の橋」プロジェクトがソウル市とS生命により取り組まれました。S生命はソウル市と連携し、「死の橋」を「生命の橋」にリデザインするというプロジェクトを実施。このプロジェクトにより、マポ橋での自殺が77％も減少したといわれています。

そのリデザインとはどのようなものでしょうか。

## リデザインの内容

「生命の橋」には至る所に「今日1日どうだった?」といった、温もりが感じられるメッセージを掲示し、暗い夜道でもセンサーで歩行者を感知し照明がメッセージを照らします。

また、「SOS生命のホットライン」と呼ばれる電話機を設置。展望スペースには、男の子が友達をなぐさめている様子を表した銅像があります。

他にも欄干には、家族・愛・友人をテーマにした写真等、生きる希望を与えるための工夫がなされています。

## 「ソーシャルグッド」は重要なマーケティングの手法の一つ

「ソーシャルグッド」は、直接的にはビジネスに関係がないようにも感じられますが、現在ではマーケティング手法の重要な柱の一つとなりつつあります。

「ソーシャルグッド」はまだ、比較的新しい言葉であり、一定の定義が定まっておらず、インターネット等のソーシャルメディアの力を利用して多くの人に呼び掛け、社会貢献を行う意味と解釈をしている方も多いと思います。

例えば、サイトを利用してみんなでゴミを拾うイベントを行うなどです。しかしながら、GOODにはキリスト教観でいう「善行」に近いニュアンスがありますので、もっと大きく捉えて良いと考えます。皆さんの会社でも取り組んでみてはいかがでしょうか。

# 第2章　仕事で行き詰まったときに効くサプリ20

## 21　部下の仕事は説得

### 上司は簡単にアポイントがとれる最も身近で重要な「顧客」の一人

学校を卒業しビジネスパーソンとなった際、最初にぶつかる壁は「上司」です。「わかってくれない」「古い」「頭が固い」など本人にヤル気や夢があればあるほど、せっかく、入社した会社を退職しようかなと思うほどです。

しかしながら、よくよく考えると、上司は簡単にアポイントがとれる最も身近で重要な「顧客」の一人です。なぜなら、自分の収入に大きく影響するわけですから。

組織（会社）に入る面白みは事業の規模です。たとえ新入社員であったとしても、自分の提案が通れば、その組織（会社）の仕事となります。提案さえ通れば、その組織の経営資源のすべてが活用できます。会社の規模に応じて、100億円でも200億円でも使い放題です。その提案のために、従業員全員が働く場合もあるのです。

上司との関係が原因で退職に到るケースは山ほどありますし、見てきました。

結果、個人事業主を志して開業するケースもあるのですが、異口同音に多く聞くのは「やっぱり、サラリーマンは楽だったなあ」という感想です。個人事業主はすべてが顧客のようなものです。

従業員ですら、辞められるとなかなか働いてくれる人が見つかりません。しかも余程の資産家でもない限り動かせる資金も数百万円規模です。勤め人である環境を活かさない理由はありません。

## 上司の無能を嘆いても何も始まらない

上司の無能を嘆いても何も生みません。

なぜなら、上司の無能を嘆くことは、もしあなたが、個人事業主であったなら、会社の存亡を危うくする最も重要な顧客に対して「あきらめる」ことと同じだからです。

そのようなことは個人事業主には許されません。きっとあらゆる手段を講じてなんとか、取引が存続するよう努力し続けることでしょう。

自分の提案を通すために、プレゼンの工夫はしましたか。言葉を選びましたか。上司の性格を考慮しましたか。部長の質問を予想し、回答案を作成しましたか。

プランA、プランB、充分に時間をかけましたか。提案は上司が「聞く耳」のタイミングでしたか。ライバル企業と比較ましたか。裏づけデータはおさえていますか。

そのデータは客観性が保たれていますか。

ビジネスパーソンの「結果」は「説得」のためにいかに汗を流したかで決まります。もうひと踏ん張りです。

# 22　ユーモア・ゆとりのある対応は魅力

## 金融系のリース会社から相見積りをとる

十年程前、私が資産管理系の部署でファイナンスリースの責任者をしていたときの話です。一番、お叱りを頂戴したエピソードです。

2億5千万円の設備投資についてリースをすることにしました。当然、相見積りを依頼。金融系のリース会社三社、M社、S社、T社で相見積りをとることにしました。

私は担当責任者として三社の営業マンを集め、「一回の一斉見積りで一番安い会社に決めるので社内調整のうえ、自社としての最安値を○月○日までに提示するように」と依頼。

## 最後の最後で社長の決裁で大どんでん返しの指示

結果、S社が最安値となり決定となるところ、最後の最後で弊社、社長の決裁で大どんでん返しの指示がありました。「まだ価格は下がるはずなので同じ三社で見積価格を再提示させるようにしなさい」とのこと。

私としては一回の見積り提示で決定する（もちろん、リース会社に伝達するまでに弊社、社長まで事前に社内調整、決裁済のスキームです）と伝えているので、会社としても信義則違反であり、私の立場もなく、また弊社のイメージにも悪いことから社長に再考をお願いしましたが、覆らず。

## 三社に謝罪の上、再度見積りの依頼

三社に謝罪の上、再度、見積りの依頼となりました。三社のリース会社、営業マンのご立腹はごもっとも。二億五千万円は、三社とも役員決裁のいる案件でしたので、役員まで社内調整した結果の見積もり金額です。彼らも立場がありません。

至極、当たり前の話で、私がいくら謝ろうとも長時間に渡り、お叱りを頂戴しました。（Sリース社は営業マンが役員同行で来社され、社長を出せとのことでしたが、何とか時間をかけて私の段階で矛をおさめてもらいました。）

## M社の営業マンの対応は他の二社とは違っていた

しかしながら、M社の営業マンの対応は他の二社とは違っていました。私から事情を説明し謝罪したところ、M社営業マンはしきりに首まわりをハンカチでふかれています。汗はかいておられないようでしたので、「首をどうかされましたか?」と質問。

M社営業マンさん、ニッコリ笑って

「いや、あまりにも約束と違い、酷いお話なので私も自社の役員にあわせる顔がない。首を洗って会社に帰りたいところですが、洗うわけにもいかず、良く拭いているところです」

叱られ続けの私としては、本当に救われた気持ちでした。

この事例は私の遭遇したビジネスシーンの中でも、最も上等、そして上級の対応というべき部類に該当します。

今、あらためて考え直してみても、私が逆の立場であったならM社営業マン対応はできないでしょう。ビジネスで失注は普通にあることですが、一生懸命に内部調整して、自分としては受注のための最高の努力をしたにもかかわず、失注してしまう。これだけでも相当、ガッカリきます。

それだけならまだしも、全く約束と違うことを言われてしまう。そして、自分の責任ではないのに、社内で責められる。「いったい君は相手の担当者とどのような話をしていたんだ」と叱られてしまうのです。しかも、今回は、その（自分の責任ではない）不手際で、役員の耳にまで名前が入ってしまっているのです。きっといいようのない怒り、「ハラワタが煮えくりかえる」、「怒髪天をつく」等、表現の方法がないくらい、心が怒りの感情で満ち溢れたことでしょう。

怒って当然の話です。

しかしながら、私が悪いにもかかわらず、怒りを爆発させてしまったS社、T社とは営業担当が変わってからも私がその仕事の担当の間は、見積りを要請することはありませんでした。頭では自分が悪いことはわかっていても感情的にもう、声をかけたくないのです。

発生してしまった問題を如何にして次のビジネスにつなげるか、腕の見せ所ですね。

# 23　どの会社でも、なぜ上司の大半は冴えないのか

## 上司の不満を聞かない会社はない

上司の不満を聞かない会社はありません。どの会社でも「あの部長の判断はどうなっているの？」「あの係長は何であんなレベルなの？」とあちこちで能力や人間性を疑問視する声を聞きます。

なぜでしょうか。

それは一般的な昇進昇格の人事システムから考えると至極、当然です。

大半の人事システムでは一般社員の中で優秀であれば主任、主任の中で優秀であれば係長、係長の中で優秀であれば課長と役職名は会社によって異なりますが、その役職階層の中で優秀であれば昇進します。

したがって優秀なものはドンドン昇進し、その階層としては、普通かあるいは、「あまり優秀でない」「冴えない」と思われるまで昇進するのです。

したがって、その役職としては普通以下の者、つまり「冴えない」者が、大半となりますので、部下からすれば、「冴えない上司」ばかりと付き合わなければならないことになります。

これは、大変気分が滅入る話ですが、どの組織に入っても理論上そうなってしまいます。

## 冴えない課長が一番活躍！

私の専門分野に関するプロジェクトのリーダーをした際の話です。プロジェクトですので役職、部門を問わずさまざまなメンバーが参画しました。そのメンバーの中には一時期、私が直属の部下として働いたことがある「冴えない課長」もメンバーとして参画されていました。

上手くいくかなあと少し心配しましたが、結果は一番、助けてもらいました。さすが、課長でした。他のメンバーである係長や主任とは全く別次元の素晴らしいメンバーシップと能力を発揮されたのです。メンバーは全員、プロジェクトリーダーである私に対して「冴えないリーダー」だなあと感じていたと思いますが、課長はその私を助けて一番、活躍してくれたのです。

大半の者が上司となった時点で「冴えない上司」なのです。したがってどの会社に行っても部下は「冴えない上司」と働くことになります。

文句をいっても始まりません。その「冴えない上司」が結果をだせるようにメンバーシップを発揮してこそ、自身の能力向上と人間的な成長があるのです。

一方、相手の立場、つまり上司の視点で考えてみてください。実は上司からしても、ほとんどが「冴えない部下」でお互いさまなのです。なぜなら、仮に優秀な直属の部下がおり、助かったなあと思ったとしても本当に優秀な部下は（おそらく部署は変わるでしょうが）自分を飛び越えて直ぐに昇格、昇進していくのです。だから、上司から見ても部下側も「冴えない部下」なのです。

「袖振り合うも多生の縁」です、お互い切磋琢磨していくしかようです。

# 24　会社と上司（組織、体制）は分けて考えよう

## 上司と合わないが退職理由の上位

「上司」を嫌いになっても「会社」を嫌いにならないでください！」（ＡＫＢ調で…）

会社を自主退職する理由として、「上司（組織、体制）と合わない」といった理由は常に上位を占めます。

しかしながら、ある程度の期間、その会社で働いたのであればもう少し時間を費やしいて再考することをおすすめします。

## 国と国家

なぜなら、上司とは合わなかったとしても、会社の本質とは一致しているかもしれないからです。

会社と上司（組織、体制）の関係は「国」と「国家」との関係に類似しています。「国」は生まれ育った土地、郷里であり、三島由紀夫氏の言葉を借りるなら「文化」です。

一方、国家は主権、領土、人民からなる「統治組織をもつ政治的共同体」です。単純化した表現をとるなら「政治」でしょう。

「国」と「国家」は混同されて使用されていますが、故郷に帰るときには、今でも「国へ帰る」といい「国家へ帰る」とはいいません。仮に現行の統治組織、つまり国家が嫌いであっても、国、つまり日本人をやめる理由になるとは思えません。

## 上司＝会社ではない

ですから、現行の会社統治機構である上司（組織、体制）が嫌いでも、会社の理念や文化が好きなら会社をやめるべきではないのです。

退職を考えたとき、長く勤めた会社であったなら、会社の歴史をひも解いてみて、創業者の思いや、理念、考え方を再度、見直してください。仮に現行の上司（組織、体制）が全く違う方向に進んでいるとしたら、退場していただくべきは上司なのであり、あなたではありません。

極めて会社の業績が悪くなり「背に腹は代えられない」状態となっていたり、あまりに長い歴史があるために創業時の精神、つまり経営理念について「それはそれ、これはこれ」と割り切ってしまっていたり、若しくは経営理念を軽視してしまっている会社もあります。

そのような会社の場合は、上司の上司、最悪のケースでは経営トップまで、理念に反する判断になってしまっている場合もあるでしょう。しかしながら去るべきはあなたではありません。

セルバンテスの小説の『ドンキホーテ』かもしれません。しかしながら気力を振り絞って現行体制と戦ってみるのも一つの生き方かもしれません。

# 25 「どこでもドア」はどこにでもあるドア

## ネコ型ロボットが主人公の漫画

皆さん、ねずみにかじられて耳がない真っ青で未来から来たネコ型ロボットが主人公の漫画をご存知ですか。

その漫画では多くの未来の便利アイテムが登場しますが、その中の一つで「どこでもドア」というものがあります。

どこでもドアは利用者が希望するところにドアを開ければ、瞬時に到着するという、とても便利な道具です。子供心に「どこでもドア」が欲しいなあと思ったものです。

## 叩けよ、さらば開かれん

話は変わりますが、「叩けよ、さらば開かれん！」という言葉も皆さんよくご存知ですね。新約聖書「マタイによる福音書」第7章からの引用です。ひたすら神に祈り、救いを求めれば、神は必ずこたえてくださる。転じて、積極的に努力すれば必ず目的を達成することができるという旨の意味を持っています。

皆さん、将来の夢や希望はありますよね。仮に明確な目標はなくとも、「こうなったらいいなあ、ああなりたいなあ」というような、ぼんやりとした思いや願いは誰しも持っていることと思います。

しかしながら、その思いや願いはありながらも、扉を叩いていますか。例えば、バイオリンが演奏できるようになりたかったら、バイオリン教室の扉を叩くところがスタートですし、ビジネス上、会いたい人がいるのならその方がおられるところを訪問して扉を叩かねばなりません。

### 扉を叩くリスクはゼロである

扉を叩くリスクは大きいですか。ただ、扉を叩くだけのことに何を逡巡する必要があるのでしょうか。叩いても扉は開かないかもしれませんし、開いても先に進める環境や能力がないかもしれません。しかしながら、扉を叩かないと何も前に進まないのです。進むか進まないのかは扉が開いてから考えれば十分です。一つの事例ですが、私は本を読んで、会って直接お話をしたい作家や経営者がいれば、メールや手紙を出しています。

これが、結構、お会いできるのです。話が弾んで交流が続く方もいます。お会いできなくとも、おおよそ返信は頂戴できます。希望があれば、ドアを叩いてあけてみる。開かなかったら開かなかったでよいじゃないですか。「どこでもドア」は実のところ「どこにでもあるドア」なのです。

さあ、思いきって扉を叩いてみましょう！　ただし、好ましい異性の心の扉をむやみに叩いてまわるのはやめておいたほうがいいです。

# 26　逆七つの習慣

アメリカの経営コンサルタント、故スティーブン・R・コービィー博士の大ベストセラー「七つの習慣」は読まれた方も多いと思います。良い書籍の一つであることは間違いありません。

しかしながら、頭ではわかるけどなかなか実行は難しいと感じられる方もおられるでしょう。

では、菅野流「逆七つの習慣」は如何でしょうか。私なりの解釈で裏返してみました。

## 菅野流「逆七つの習慣」

1　惰性に流される（↓主体性を発揮する）
2　なんとなく始める（↓目的を持って始める）
3　やりたいものや目先のことからやる（↓重要事項を優先する）
4　自分の得だけ考える（↓WIN-WINを考える）
5　自分の言い分だけいう（↓理解してから理解される）
6　代替案を出すでもなく対立して前に進まない（↓相乗効果を発揮する）
7　既存の知識と経験でまかなう（↓刃を研ぐ）

まるで自分のことのようです。やっぱり「七つの習慣」は少しでも実践したほうがよいようです。

## 27　素直は合理的である

### アイデアレベルの提案も素直にすぐ採用

ベテラン経営者でご高齢にもかかわらず驚くほど素直なKさんにお会いしました。その方は最近も飲食店を2店舗、開業されました。

Kさんは裸一貫で建設業からスタートされ、それほど、大企業とはいきませんが、持続的に業績も上げ結果を出しておられる経営者です。

しかしながら、私のような者のアイデアレベルの提案も素直にすぐ、採用してくださり、次の日には実行されていることが多いのです。

Kさん経営の飲食店には月に一回程度は食事に行くのですが、行けば、余程、忙しくないかぎり、必ずと言っていい程、アイデアを求められます。

例えば、「このチラシはどう思う?」とか、「販促として、スタンプカードを創ろうかと思うけど、どう思う?」とかです。

私も経営コンサルタントのハシクレですので、それなりに考えてアドバイスを差し上げます。するとほぼ100%、実行してくださるのです。

あまりに素直に聞いてくださいますので、少し、こそばゆいところがあり、無礼を承知で「思い切って、なぜ、そのように素直なのか？」と質問をしてみました。

## 出会う人の素晴らしいと感じたところはすぐに取り入れる

Ｋさんは「素直は合理的なんですよ。自分より優れているところは誰にだってあるからね。私は人の良いところをみつけるのが得意と思っている。だから、出会う人の素晴らしいと感じたところはすぐに取り入れるようにしているんだよ。余程のことでない限り、採り入れてみてダメであれば、やめたらすむことだよ」といいます。

私のアイデアだから、直ぐに採用していただけるのかと思っていたら、そうでもなく少し残念でしたが、Ｋさんのおっしゃるとおりと思います。

実際のところ、ビジネスを成功させる施策で「絶対」というものはありません。飲食店で言えば同じレシピ、同じ価格、同じ立地で商売を営んだとしても「店長」や「大将」が違うと１００％、売上も利益も変わってしまいます。

実際、チェーン店の飲食店で人事異動が行われますが、店長が変わると売上も利益も変わってしまうのです。つまり、「やってみないと、わからない」ということです。

人間、年齢を重ねるとガンコになってしまいがちです。まして成功を重ねるとなおさらですね。是非、みならいたいです。

# 28　目の前の仕事を一生懸命にやる

## 計画的偶発性理論

人生はなかなか思い通りにいきません。それでは、考え方を変えて目の前にある仕事をがむしゃらに精一杯、力を尽くしてやってみるという方法はどうでしょうか。

ご存知の方も多いとは思いますが、キャリア理論の一つで「計画的偶発性理論」をご紹介しておきます。

「計画的偶発性理論」とは、スタンフォード大学のクランボルツ教授が提唱した理論で、個人のキャリアの８割は予想しない偶発的なことによって決定される。その偶然を計画的に設計し、自分のキャリアを良いものにしていこうという考え方です。

これは特に20歳代の時期、社会人として自分の適性や好きなことがはっきりしない時期において特に有効な考え方だと思います。

「私にはこれしかない」「これ以外はやりたくない」という硬直的・閉鎖的な考え方ではなく、何事も前向きに受け止めるということです。

## 自分のキャリアの方向性を焦って決めなくてよい

良い意味で優柔不断な態度を取る。「本当は何をやりたいのか」といった重要な決断をあえて遅らせ、いろいろなことに首を突っ込み、自分が持っている無限の可能性を信じ、あれこれやってみる。ただし、目の前にあることをがむしゃらにやってみるということです。

その実践を通じて、自分のやりたいこと、進むべき方向性が少しずつ見え、自然とキャリア形成が行われてくるという考え方です。

クランボルツ教授は計画的偶発性理論を実践する上で、重要な５つのキーワードを述べています。

1. 好奇心　自分の専門外にも視野を広げる。
2. 持続性　ある程度の期間は頑張ってみる。
3. 楽観性　何事も悲観的に受け止めない。
4. 柔軟性　「なんでも来い」の精神。
5. 冒険心　ある程度のリスクをとるということ。

計画的偶発性理論は、かなり精神論的だなあと思われる方も多いでしょう。

しかしながら、多くの先人たちのキャリアの振り返りから導き出された経験則としては妥当性が高いといえます。

いずれにしても目の前の仕事に結果を出さない限り、前には進めないことが一般的です。

さあ、頑張りましょう！

# 29　人は産まれいずるとき、涙する

**死を笑顔で迎えられるように、今を精一杯に生きる**

産まれくる世界の悲しみへの予見でしょうか。人は皆、産まれいずるとき、涙します。餓え、貧困、病苦、暴力、戦争…。確かに世界は悲しみで溢れかえっています。しかしながら、その悲しみに溢れた世界にも喜びはあります。子供達の笑顔、美しい自然、助け合い補いあって暮らす生活、人を愛すること…。

産まれくるとき、人は例外なく涙しますが、死にゆくときはさまざまです。人生という時間は睡眠時間を除けばおそらくビジネスで覆い尽くされているといっても過言ではありません。仮に専業主婦であったとしても、パートナーの仕事の話を聞いたり、転勤に付き添ったりとビジネス抜きで人生はありえないのかもしれません。そのビジネスを有意義にこなしていくのか、嫌々やっていくのかは人生の充実度を大きく左右する可能性があります。

死を笑顔で迎えられるように、今を精一杯に生きましょう！

# 30　仕事に誇りをもつ

## お客様のために何ができるかを考える

あなたは仕事に誇りを持って働いていますか。

働くかぎりは、誰しも仕事に誇りを持って働きたいものです。

では、仕事に誇りをもつためにはどうすればよいのでしょうか。

たくさん仕事について勉強しても、目標売上が達成できても、いくら財産が増えても…。きっと、仕事に誇りをもつことはできないと思います。

経験があると思いますが、仕事を通じて本当に喜びを感じたときはどんなときでしたか。

難易度の高い仕事をやりきったとか、営業成績が会社で一番になったとか点、いろいろ思い起こされることでしょう。

個人の喜びは達成感だけでも実現しますが、「誇り」は第三者の関与がないとおきません。なぜなら達成感だけでは一人よがりかもしれないからです。

お客様に喜んでもらってこそ、人は、はじめて仕事に誇りを持つことができるのです。

さあ、お客様のために、何ができるか、よく考えて、今日も頑張りましょう。

## 31　ヤッパリ、地道に頑張ろう

### 皆が知恵を絞り、汗を流すしかない

潜在ＧＤＰという言葉をご存知でしょうか。

潜在ＧＤＰをザックリ説明するなら、国中の設備や人員をフル稼働した際のＧＤＰのことで、もうこれ以上の生産はできないといった上限の数値です。

したがって、政府がいくら頑張って金融緩和や財政出動を行っても景気向上には、限界があり、結局のところは、皆が知恵を絞り、汗を流して良い製品やサービスを創り、生産性を高めなければ先が見えているということです。

例えば、マラソンのスポーツ選手で考えてみるとどうでしょうか。

いくら理論を勉強してみても、良いトレーナーについて指導を受けフォームを改造してみても、最終的に行き着くところは個人の持つ筋力であったり、体力ではありませんか。

体そのものの地力や能力を高めるには時間も必要でしょうし、多くの汗をかかねばならないことでしょう。

ヤッパリ、地道に頑張らないとしかたないです。

# 32　人生は心の使い方次第である

## ビジネスチャンスも人も引き寄せるタイプ

何かしら、ビジネスチャンスも人も引き寄せる方がいます。

それはどのような方でしょうか。

出勤して来た部下にこちらから元気よく「おはよう！」と挨拶し、無視されたとき、あなたはどう思いますか。

おそらく、三通りに分れるでしょう。

Ａタイプ

なんて失礼な奴だ！　けしからん！

Ｂタイプ

聞こえなかったのかな？　まあ、気にしないでおこう！

Ｃタイプ

何か、あったのかな？　心配だな、私に役に立てることはないかな？　もしくは何か悪いことをしたのかな？

## 考え方の相違が結果を変化させる

前述の考え方の相違が、その人との人間関係、ひいてはその他の人間関係へと影響を及ぼしていきます。

Aタイプ

失礼だと注意する。

Bタイプ

何もなかったように普通に対応する。

Cタイプ

何かあったのか。もしくは困っておられることがあるのかを確認して、非礼であれば詫び、困っていることがあるなら、手助けできることがないのかを確認する。

もう、言うまでもありませんね。どの対応に人間的魅力を感じますか。また、ビジネスチャンスとなり得るでしょうか。

良い香りがする花には蝶があつまるでしょうし、人間ですら笑顔で近寄ってきます。

一方、腐った物のような場合はどうでしょうか。

しかめ面をされて、しかも一般的には避けられることでしょう。人間の魅力も同じで普段の接し方がその人の香り（雰囲気）を醸し出すといえるのではないでしょうか。

人を引き寄せ、ビジネスチャンスを引き寄せる心使いをしたいものです。

# 33　今の自分にふさわしい者が組み合わされている

## 京セラの創業には影の立役者

有名な話で知る方も多いと思いますが、京セラの創業には影の立役者がいます。創業の当時、26、27歳であり、後ろ盾も何もない稲盛氏。その青年の才能と人柄を見込んで出資した人々のことです。その一人に、京都の配電メーカー、宮木電機製作所の西枝専務という方がおられます。

## 支援するとなったらとことん面倒をみる

西枝専務は、「支援するとなったら、とことん面倒をみる」といって、自宅を抵当に入れてまで出資されました。西枝専務は奥様に「稲盛という青年に家を担保に出資したから彼がビジネスに失敗したら家を取られるかもしれない」という旨を伝えました。当然、稲盛氏と西枝専務は親戚関係にあるわけでもありませんし、何の借りもありません。が、奥様は「男が男に惚れたのですから、私はかまいませんよ」とおっしゃったそうです。

そこまで惚れられる稲盛氏もすごいですが、それを見抜ける西枝氏、そしてそれを支持する奥様。

人はその人にふさわしい人々に囲まれて生きるようになっているようです。日々、研鑽です。

# 34　チャンスは準備された心に降り立つ

### どの程度の時間が必要なのか

Chance favors the prepared minds.（チャンスは準備された心に降り立つ）という言葉をご存知の方も多いのではないでしょうか。

皆さん、なじみの深いフランスの細菌学者、ルイ・パスツール博士の言葉です。何事も準備されている者にチャンスが優先的に回ることは理解できます。

では、一体、どの程度の時間が必要なのでしょうか。

ニューヨーカー誌の専属ライターでジャーナリストのマルコム・グラッドウェル氏が一流のアスリートや音楽家、ビジネスマンを検証した結果によれば、1万時間超が目安であるそうです。

1万時間超といえば3時間／日、20時間／週で10年というボリュームなので、経験的にも「モノになる」といえば妥当性が高い期間であるようにも思います。

### 何事も傑出するためには相応の時間が必要

話は少し変わりますが、故スティーブ・ジョブズ氏のプレゼンテーションをご覧になったことがあるでしょうか。黒いタートルネックにジーンズ姿のジョブズ氏がジョークを交えながら流暢にプレゼンテーションを行います。まるで自宅に友人を招いて新しく購入した製品を自慢をするようです。

即興のようにすら思える自然さです。おおよそ5分のプレゼンテーションなのですが、そのために費やす時間はどの程度なのでしょうか。

ドラフト内容の作成にジョブズ氏直轄のチームは数百時間を費やし、ジョブズ氏自身も何週間も前から紹介する製品や技術について勉強します。そしてプレゼンテーションのリハーサル自体も本番同様のステージ利用し、あの多忙を極めるジョブズ氏が丸二日かけてご自身が納得できるまで練習に練習を重ねるのです。

その結果が、あのプレゼンテーションを生み出しているのです。

それに比較して我々の準備期間はどうでしょうか。

本当に驚きなのですが、パネルディスカッションのケースで、ある有名大学の教授は一切、準備を行わずに会場にあらわれる方がいます。また、正直なことにそのパネルディスカッションで準備を一切してきていない旨をおっしゃるのです。さすがは大先生で知識の蓄積があるので、なんとなく「今日のパネルディスカッションは良かったなあ」という雰囲気で終わるのですが、私からすればやはりそれなりの内容です。

何事も傑出するためには相当の時間を費やした努力が必要なようです。

# 35　プロフェッショナルな仕事

### クライアントの利益のために高い専門性を発揮するだけではない

プロフェッショナルは何かしら対価を頂戴する者であり、専門家やスペシャリストは対価の有無にはかかわりなく本当に得意な分野がある者のことを意味しているようなニュアンスを感じます。

ご存知のとおり、プロフェッショナルの語源は、動詞「profess」が変化したものであり、「pro」は「前に」という意味の接頭語であり、「fess」は「言う」という意味です。つまり「公言する」という意味があり、特に「自らの信仰を告白する」という宗教的意味合いが強くあるようです。

そのような背景からプロフェッショナル（Professional）とは、信仰を告白（Profess）するというのが語源で、そこから転じて現代では、聖職者のように真摯にクライアントの利益のために自身の高い専門性を発揮するという意味になったといわれています。

### アウトプットに責任と倫理観をもつ

プロフェッショナルの言葉の定義づけの一つとして、専門知識を駆使して対価を頂戴すれば、プロフェッショナルであり、対価を頂戴しなければ、アマチュアとかボランティアという考え方もあ

ると は思います。

その考え方をもつなら代表的な仕事は士業の方でしょう。医者や弁護士さん、会計士さん。確かにプロフェショナルです。建築士さんはどうでしょうか。プロフェッショナルと呼べる仕事ですよね。しかし思い出してみてください。

例えば、２００５年に騒がれた耐震偽装問題、正確に言うなら耐震強度構造計算偽装問題はどうなりますか。一級建築士さんが起こした事件です。

最近では、数々の有名ホテルで食材偽装（あるいは誤表記問題と言ったほうが適切でしょうか）が発生しました。調理師さんもプロフェッショナルと呼ぶべき仕事ではないのでしょうか。

やはり、専門知識、専門技術を駆使してクライアントから依頼を受けた仕事をこなし、そして対価を頂戴するだけでは、高いプロ意識をもつ「プロフェッショナル」と呼ぶことに相応しくないように思います。

いわんやその知識、技術を活用して抜け道を探したり、社会的に許されないことを行うことはプロフェッショナルとは呼べないでしょう。

つまり、プロフェッショナルには、高潔な職業的倫理観が必要不可欠だということです。具体的に申し上げるなら、「依頼を受けた業務を完了して終わり」ではなく、対価にふさわしいアウトプットに責任をもつことは勿論のこと、倫理的にも問題のない仕事を提供しなければならないということです。プロフェッショナルでありたいです。

# 36 慣れて、狎れない

**職場でも家庭でも、慣れても、狎れないように注意したい**

上半期も終了の時期となると、入った新人達や人事異動で新しい部署に配属になった人達も、会社やその部署に馴染んできたころとなります。

この時期の研修では必ず「慣れて、狎れない」という話をすることにしています。「慣れる」とは経験を通して違和感がなくなったり、通常のこととして受け入れられるようになることです。

一方、「狎れる」とは、親しくするあまり、礼儀を失くした振る舞いをすることです。最近は親子間でも教師、生徒間でも友達的な関係を見受けることが少なくありません。特に母娘間では、大学生くらいになると名前で呼び合っている光景すら見受けます。

これは、家族の問題ですので、私がとやかくいう筋合いではありませんし、良いことかもしれません。しかしながらお互いのリスペクトは失って欲しくはないところです。

「慣れる」ことは重要ですが、「狎れる」と、少し問題です。職場でも家庭でも、慣れても、狎れないように注意したいものです。

# 37 「果報は寝て待て」をゲットする

## 運に恵まれて幸福なこと

「果報は寝て待て」とは、「良いことは自然にやってくるものなので、静かに待っているのがいい」という意味で使用されるときがあります。まあ、あせらずにといったところでしょうか。

実際、困り果てて放置していたらなんとなく、時間が解決してくれるケースもあります。

しかしながら、本来の意味は、「寝て待て」といっても、怠けていればよいという意味ではなく、人事を尽くした後は気長に良い知らせを待つしかないということのようです。

仏語で「果報」とは、前世での行いの結果として現世で受ける報いのことであり、転じて、運に恵まれて幸福なことをいうのです。

つまり、前世ではシッカリと努力してきたということですね。

ビジネスの世界でも「あの人は運が良い人だなあ」と感じることがありますし、ご本人も「運が良かっただけです」とおっしゃる場合が多いものです。しかしながら、よくよく話を伺ったり、観察してみると人一倍、努力されているケースが少なくありません。

やっぱり、「果報者」になるには、それなりの努力が必要のようです。

# 38　自分の仕事は自分以外の人が決める

**自分の目の前の仕事が自分の適正にあった天職になる**

アインシュタイン博士はバイオリン演奏がとても好きだったという話があります。腕前のほうは「相対的に良かった」とのことですが、仮にあなたがバイオリンを演奏する部署と物理を応用する部署をもつ会社の人事担当者だったとしましょう。(珍しい会社です)

あなたの会社にアインシュタイン博士が就職を希望してきた場合、どの部署に配属しますか。彼がいくらバイオリンの部署を希望しても応用物理の部署で働いてもらうでしょう。

なぜなら、あなたの人事権の裁量でアインシュタイン博士の希望どおり、バイオリンを演奏する部署で働いてもらうことになった場合、博士は喜ぶかもしれませんが、あなたは人事担当者としての目を疑われることになるからです。

結局、仕事は自営業も含めて自分以外の人が決めるのです。自分の好きな仕事ができる人は、たまたま自分の好きな仕事が他の人と比較優位性が高く、一定規模の市場があった場合のみです。

自分の目標に向かって努力を継続することは重要ですが、意外と自分の目の前の仕事が自分の適正にあった天職になるかもしれません。

# 39 仇を恩にして報ずる

## 立腹して得なことは何もない

仕事でも、人生でもさまざまな不条理なこと、理不尽なことがあり、「腹が立つ」ことも多いものです。

しかしながら、冷静なビジネスパーソンとしての視点であらためて考えてみると、立腹して得なことや、良いこと、何かあるのでしょうか。おそらく何もないでしょう。体にすら悪いくらいです。

特にビジネスにおける対立や不条理なことは、立場の違いがもたらしていることが多く、もしかして相手の立場だったら…と考えてみたら同じようなことをしたかもということも少なくないはずです。

また、理不尽、不条理なことは自分の会社や立場を守るため、わかっていながらもやむを得ず行っている場合も多々あります。

## 変えられないことに執着しても意味がない

老子の言葉に「仇を恩にして報ずる」という言葉があります。

恨みをいだくのが当然な相手を恨まず、逆に情けをかけるという旨の意味です。

たとえ損害を被った相手でも、その人と出会ったからこそ新たな道が開けたというようなことは往々にしてあるものです。腹立たしいことが起きてしまったことは、もう過去のことで、変えられません。

変えられないことなら冷静な判断で「得」に切り替えてこそ、優秀なビジネスパーソンといえませんか。

そのようなことを考えるためにはまず、怒りを鎮める必要がありますが、どうすればよいのでしょうか。

私の事例で申し上げますと、基本的に何も考えずに「歩く」ようにしています。

それも今まで通ったことがない道をただ単純に疲れるまで歩き続けるのです。いろいろな景色をみて暑さや寒さを感じるのです。子供達やお年寄り達が歩いています。ビジネスマンはなぜかしら大体、眉間にしわがよっているということに気づきます。

そして疲れたなと感じたところで歩くことを切り上げて銭湯にいくようにしています。そうすると、何かしらスッキリするのです。

それから、自分にも悪かったところがあるのでは等、考えを新たにするようにしています。

この方法は、各人それぞれに適した方法があると思いますが、探してみてください。

腹立たしい相手にすら思いやりを持てる人間になれれば、新しい世界が拡がるかもしれません。

# 40　年収86万円アップする方法

## 年収をアップするには

あなたの所得はアベノミクスの恩恵に預かって向上していますか？　アベノミクスのいわゆる「三本の矢」のうち、一と二の矢である①大胆な金融政策、②機動的な財政政策はそこそこの成果があったかもしれませんが、肝心の三の矢である③民間投資を喚起する成長戦略についてはまだ見えてきません。どうも努力なく自動的に給与があがったバブル期のようなことは期待できないようにも思います。ではどうすればよいのでしょうか。確かにお金がすべてではありませんが、所得が多いことにこしたことはありませんので、何か手を打たねばなりません。

私達の所得をアップするためにはどのようなことをすればよいでしょうか。思いついたところでは、上司にゴマをすって給与をあげてもらう。いやいやそれは邪道だから、業務で実績を残したいのでサービス残業を厭わずもっと長時間働いてみようか。それも疲れそうだから、いっそのこと風水にでもたよってみるか、さまざまな方策が頭によぎりますが、どれもそれ相応の努力が必要な気がします。

今日は後ろめたくなくて年収が約90万円程、アップする方法をお教えしましょう。

## 躾と所得の相関関係に関するネット調査

２０１３年９月上旬の新聞報道によれば、神戸大学の西村和雄特命教授（数理経済学）らによる躾と所得の相関関係に関するインターネット調査（調査会社に登録する国内18歳以上の男女９万人対象で１万５９４９人回答）でわかったことがあります。

それは「うそをついてはいけない」という躾を受けた者は平均年収が約50万円高、「他人に親切にする」「ルールを守る」「勉強をする」という躾を受けた者は、年収15万〜29万円高であったそうです。

## 躾をすべて受けた人の年収差は約86万円

更に、これら４種の躾を「すべて受けた」という人と、「いずれも受けた記憶がない」とした人を比べると、年収差は約86万円となったそうです。

現代社会のシステムはビジネスも法律体系も基本的に「嘘をつかない」「ルールを守る」「互いに助け合う」ことが前提でつくられていますし、社会が高度に発展するためには「勉強（若しくはその先にある研究）」が重要ですので、当たり前と言えば当たり前の結果ですよね。

しかしながら、体感、肌感覚でいうと、どうも「正直ものは馬鹿を見る」ことが多いような気がしていましたので少し安心しました。

今日から実践すればあなたも年収86万円アップするかも！

# 第3章　ビジネスアクションに効くサプリ20

# 41　ビジネスマンの最強の武器は

## 最強の武器は笑顔とありがとう

私は「笑顔」と「ありがとう」だと考えます。

業界最大シェアを誇る上場企業秘書室勤務の方のエピソードです。

彼女は、社長とほとんど接点のない仕事をしていますが、とても社長を尊敬しています。

ほとんど接点がないのに何を根拠に尊敬しているのかという疑問に次のお話を頂戴しました。

あるとき、社長も出席された会議で、会議室の外にも厳しい緊迫感が伝わる程の得意先との交渉中に、彼女は会議中にお茶を出さなければなりませんでした。

恐々、会議室をあけ厳しい表情の面々に、お茶を出していきました。邪魔だと言わんばかりの者、無言の者、会釈をする者、小声で礼を述べる者など対応はさまざまですが、緊張感は持続しています。

社長だけは対応が違いました。手を止め、彼女にしっかりと目をあわせてから厳しい表情を緩め、「笑顔」で「ありがとう」と言ったそうです。

あなたが部下ならどのような上司の部下でありたいですか。

# 42　対面で話を伺おう

## 顔で聴くこと

「部長は得意先に『顔が利く』からなあ！」というような言葉を耳にしますが、どうすれば「顔が利く」ようになるのでしょうか。それは、「顔で聴く」ことです。

現代ではなく、ＩＴ環境が整う以前の話です。

当時、政治家や学者達は、ネット環境の整備をすれば仕事の拠点が地方に分散化するであろうという未来予想図を描きました。ＩＴ環境の整備により、都市部でも地方でも同一水準の情報が入手できるため、居住地による情報の格差はなくなり、地価の低い地方へ分散するはずだという話です。ところが、現実はどうでしょうか。シリコンバレーはどうですか。ＩＴ技術にかかわる有名企業が密集しています。確かにネット環境の整備により一般的な情報に関していえば地域による情報格差はなくなりました。が、そのことにより今まで以上にＩＴ技術を介しては伝わらない情報、顔を見て話をするから伝わる、近くにいるから伝えられる情報の価値が更に高まってしまいました。

その結果の事例がシリコンバレーです。これからの時代、いよいよフェイスｔｏフェイス、すなわち「顔で聴く」ことが重要となります。対面で話しましょう。

## 43 「顔を立てる」とは

### 報告・連絡・相談

報告・連絡・相談、いわゆる報連相はビジネスパーソンとして、とても重要です。「そんな、話は聞いていない！」と上司から一喝！

すべての上司とは言いませんが、「根回し」の有無が申請内容の決裁可否へ大きく影響することがあります。なぜ、そんな不条理なことがおきるのでしょうか。人間はさまざまですが、根回しなく申請されると「顔を潰された！」と感じる人達がいるからです。組織では決裁がおりなければ、その申請内容を実行できませんので、「結果」をだせません。

「顔を立てる」とは「伺いを立てる」ということです。

嫁姑の関係が上手くいっているお嫁さんは、家のこと全般を姑さんから任せ切ってもらえる信頼関係が構築されるまで、わかりきっているようなこと、どちらでも良いようなことでも姑さんの「顔が立つ」ように上手く「伺いを立てる」ようにしておられる方が多いように思います。

「顔を立てる」ことで納得してもらい、それで少しでも自分の実施したいことが前に進んで、会社や社会、家庭が良くなるのであれば、前進するために「伺いを立てる」ことにしましょう。

# 44　上司へのサービスはしない

## 従業員への躾が厳しい専務

日本で五本の指には入るであろうハイグレードホテルの専務の話です。

専務の御誘いをうけて、そのホテルでの会食となりました。平日で人はまばらでしたが、専務と私がレストランを訪れると接客係に何ともいえない緊張感が漂いました。

以前、その専務と当該ホテルのバーに訪れた際、バーテンダーがあまりの緊張感で、カクテルをシェイクする際、シェイカーを投げ出してしまい、カウンター内にカクテルをまき散らしていました。

そのバーテンダーは何かしらのコンテストで世界一の経験をもつ水準の技量の方でしたので、私には想像もつきませんが、相当、従業員への躾が厳しい専務なのでしょう。

## サービスをする対象はお客様である

さて、レストランの話に戻りますが、私達が着席しようとした瞬間です。当然、接客係が椅子をひいてくれるのですが、専務の椅子は引きませんでした。椅子を引くそぶりすらなかったのです。

私の想像では、私と同様に接客係が専務の椅子を引こうとして、それを専務が止めてご自身で座るのかなと思っていました。あるいは接客係は専務に気をとられてばかりになってしまうのではと思ったくらいです。

ところが、私の予想は大きくハズレました。専務には目もくれなかったのです。

専務は「たとえ社長であっても身内へのサービスは一切しないでよろしい、あくまでもお客様中心のサービスをするようにと厳しく指導しています」といいます。

歴史をもつ老舗ホテルです、さすがです。あなたの会社ではこれと逆の風景をみかけませんか。おそらく、日本中の会社のみならず海外の会社でも、会社ではなくても何かしらの組織では、きっと逆の風景を見かけることの方が多いはずです。

なぜなら、上司の覚えがめでたい、寵愛をうける、かわいがられる…いろいろな言い方がありますが、そのようになったほうが得することが多いと思われるからです。

例えば、出世が早かったり、良い部署に行けたり、ボーナスが上がったり等です。つまり優遇措置が受けられそうだからです。

このホテルの凄いところは、サービスが本業であるホテルにおいて、宿泊者や利用者を中心にすえたサービスを徹底するために、上司や幹部の上を見た従業員とならないよう経営幹部自らが自分を律している点にあります。

これは企業文化レベルの話なので一朝一夕にはいきませんが、目指したいところです。

# 45　付加価値の高い「働く」とは

働くとは

働くとは「傍楽」、すなわち「傍らがラク」で「はたらく」であるとも申します。が、菅野的には更に一歩進んで「傍らがタノシイ！」という段階まで進んでいただきたい。

それでこそ、本当に付加価値の高い「はたらく」ではないでしょうか。

今まで、その人と働いたら本当に愉快で仕事そのものが楽しめるという方にお会いしたご経験はありませんか。

大学を卒業したての頃の話です。その方とは一回り年齢が違うのですが、私達の水準まで視線を下げて指導をしてくださいました。ですから、指導されている内容がとてもよく理解できるのです。また、機嫌のムラがとても少ない方でいつもスマイリーです。本当に忙しいときでもにこやかな方でした。仕事もテキパキとされておられ、厳しく指導をいただいたあとには、必ずフォローがありました。楽しく仕事ができると生産性があがり、ミスも減少するものです。

よって部署の成績もあがるという善循環がはじまります。

間違っても「傍ら苦」とならないようにお願いいたします。

# 46　足を運ぼう

## シッカリと感謝の気持ちとともに

お金は「お足」ともいいます。予算オーバーのときに「足がでちゃったな〜」とかいいます。

普段からシッカリと「足を運ぶ」ことはビジネスは勿論のこと、人間関係において極めて意味を持ちます。

仮にあなたの友人で、困ったときや、お願い事のときだけ連絡をしてくる者がいたとしたら、すんなりと協力する気持ちになれますか。

しかも電話やメールだけの連絡なら、なおのことですよね！

ご経験があると思いますが、不思議と困ったときにだけ連絡してくる者が友人の中に一人や二人、おられるのではありませんか。

ビジネスシーンにおいても同じで、同僚、部下や上司の中にも困ったときだけ報告や相談を持ちかけてくる者がいますよね。少し残念ですが、「人の振り見て我が振り直せ」とも申します。

銀行、得意先、協力会社、実家、ご親戚など、お世話になっている方々のところに普段からシッカリと感謝の気持ちとともに「足を運ぶ」ようにしましょう。

# 47　お世話になったことを憶えておこう

オスマントルコ帝国だった頃のエルトゥールル号遭難事件

２０１３年にトルコで女子大生が殺害された事件がありました。テレビで日本の国旗とトルコの国旗の両方をもって行進する人々の報道や、殺害現場に添えられた花をご覧になった人もたくさんおられるでしょう。千人を超えるトルコ人による追悼集会も開かれました。

なぜ、トルコ国民は、こうも親日なのでしょうか。

ご存知の方も多いと思いますが、まだトルコがオスマントルコ帝国だった頃のエルトゥールル号遭難事件まで遡ります。

１８８7年オスマントルコ帝国は、皇族・小松宮夫妻の訪土の返礼として、トルコ軍艦をわが国に派遣してきました。その帰途、和歌山県串本市沖合で座礁、機関部が爆発して沈没しました。生存者は約70名、死者は約６００名という大惨事でした。

このとき、地元串本の人達はトルコ人乗組員に対し、必死の救助活動と食糧の炊き出しなどで篤いもてなしをしました。そして生存者は、日本軍艦で無事トルコに送られました。このことはトルコ人に大きな感動を与えました。

## 恩を忘れない生き方は素晴らしい

トルコの人達は未だにこの事をわすれていません。

イラン・イラク戦争中に、サダム・フセインが「イラン上空を飛ぶ飛行機はすべて撃ち落とす」と言明しました。このとき日本政府の対応は遅れており、現地では200名以上の日本人が取り残されたのです。

そのときです。トルコのオザール首相は、危険を承知でトルコ航空機2機を派遣したのです。「なぜこんなときに飛行機を出すのか?」の記者の問いに対して、彼はこう答えたといいます。「それは日本人だからです」と。在イランの日本人は無事救出されました。

日本大使館のお礼の言葉に対してオザール首相は、「エルトゥールル号の恩返しだ」と述べています。

また、阪神淡路大震災、東日本大震災でも、さまざまな支援をいただいています(逆に日本も1999年のトルコ大地震の際は、仮設住宅の寄付等を行っていますので安心してください)。

ビジネスにおいても、誰でも一人は、よくお世話になる方がいると思います。その方への恩はわすれていませんか。更には恩返しができているでしょうか。

ビジネスが上手くいかなくなると、たちまち人が引いていきます。その人が困っているときがチャンスです。

恩を忘れない生き方は素晴らしいですね。こうありたいです。

# 48　人は結局、自分で気づいたことしか直さない

急がば回れ

ある製品の販売会社のお話です。その会社では、営業のトレーニングとしてお客様との商談内容を、お客様のご了解をえて、録音し、あとで営業担当者と上司で一緒に聞くそうです。

上司は、もちろんたくさんの改善ポイントや問題点に気づいていますが、一切、注意も指導もしないそうです。では、何をするか。

ただ、「気づいたことは何ですか？」と質問を繰り返し、本人に時間をかけて話をさせるそうです。

これは、相当、上司の忍耐力が必要です。

それは指導や指摘をするほうが、本人の気づきを待つより早いからです。

それに指導を受ける側も現行の学校教育、すなわち解答がある問題で学んでいますので、指導に抵抗感が少なく、むしろ、即回答を求めてくる者も多いので、上司からすれば、即指導や指摘をしたくなりますが、これでは自分で考える力が付かないために伸び悩んでしまいます。

スピードを要求される時代に、この手法は大変ですが、経営者によれば急がば回れのようです。

さて、皆さん、この経営譚をよんで「気づいたことは何ですか？」。

## 49　競争優位─就活における考え方

### 就職活動に大いに役立つこと

学生達には、他大学の学生や同じ大学でも全く自分と異なった人達との交流を拡大することをおすすめしています。さまざまな人達と出会うことで価値観、文化の多様性を学べ人間の幅を広げることができるからです。

人間の幅が広いことは、人生が豊かになることはもちろん、ビジネスパーソンになった後もボディーブローの如く後からきいてきます。

まず、直近では就職活動に大いに役立つことになるでしょう。現状の就活では私達のときからは考えられないくらいの手間とコストをかけて対策を講じています。

### 競争優位という視点をもとう

自己分析、企業の情報収集、履歴書作成をはじめ、面接話法の練習等本当に気の毒なくらいです。そこで、中心となる「自己分析」ですが、私から見ると欠落している部分があります。それは「競争優位性」という視点です。

自己分析はあくまでも自己分析であり、市場での優位性がわからないのです。そこでお互いに役に立つのが多種多様な友人関係なのです。同質、同大学の友人だけでは新卒採用市場でのポジションがわかりにくいのです。

## 競争相手は誰か

新卒採用市場という市場の中で、競争相手は誰でしょうか。それは自分が入社したい会社を受ける新卒者のみが対象で、それ以外の学生は全く関係ないのです。

例えば、有名大学の学生が多く受ける会社では、有名大学の学生を基準として競争優位を見つけなければなりません。したがって、いくら自分の自己分析で「私の強み(売り込み)」が「勉強を頑張ったこと」であったとしても、その会社を受ける他の新卒者が自分に比較してもっと「勉強を頑張った」学生が多数いれば、それは全くの「強み」にはなりません。比較においては「弱み」にすらなりえます。

むしろ裏づけエピソードのある「リーダーシップ」を強調したほうが「競争優位」なのかもしれません。受ける会社の新卒者の傾向を調べる必要があります。

## 合否は比較で決まる

実際の面接事例の話です。Ａ君の強みは自称「我慢強さ、持続力」でした。ヒアリングの中では彼は部活も2回、途中でやめているし、バイトも2〜3か月で変わっているのです。

その結果に対し「部活も2回やめているし、バイトもドンドン変わっているので、一般的には我慢強さや、持続力をあらわすエピソードとは思えませんが、どうですか？」と問うてみたところ「自己分析ではそうなったし、友人の中では続いているほうですので、我慢強さや持続力はあるほうと思います」とのことでした。

逆に次のような学生B君もいました。

私の勤める会社では、採用のミスマッチが会社も本人も最大の不幸をもたらすという考え方から、中途採用、新卒採用に関わらず1時間の面接を少なくとも3回以上は行い、本人も会社も納得するまでお互いを確認するようにしていました。なんとかB君の強み、素晴らしさを見出すことができたのですが、普通の会社では時間的制約から無理であったと思います。

B君はとにかく、自信がないのです。成績は普通、運動部の部長でもないし、生徒会の役員でもない、バイトリーダーでもない、旅行の幹事をするわけでもない…自己分析をすればするほど、売り込むところがないなあと感じたそうです。しかしながら、よくよく話を伺うと同じ大学の仲間との比較のみで考えていたのです。例えば、成績が普通といっても、国立一期校を現役で入っていますし、中心的存在ではないですが、フォロワーシップはとても優れているエピソードをもっていました。彼は採用となりましたし、今も元気で活躍しています。

合否は、その会社を受けた他の学生との比較で決まります。多種多様な友人達が必要なようです。

# 50　長期的に繁盛する店

商人とは人よりも、よけいに頭が下がる人

長期的に繁盛するお店には例外なく共通点があります。それは「いらっしゃいませ！」と「ありがとうございます」に心がこもっていることです。

この二つの挨拶に心を込めている職場は必ず繁盛です。自ずから気持ちが行動に現れるからです。技術的には、あらゆる店舗やチェーンで表現方法の工夫や技術的指導もなされています。たしかに心を正確に伝えるための技術のトレーニングは必要ですが、技術は心を超えることができません。なぜなら人間は心で感じるからです。逆に言えば心さえあれば、自ずと表現されます。笑顔、目線、体の向き、声の調子、頭の下がり方…。

故松下幸之助翁は、このことを「商人とは人よりも、よけいに頭が下がる人」と伝えています。お客様を心から歓迎して「いらっしゃいませ」と言葉を発しているでしょうか。また、本当に感謝の気持ちを込めて「ありがとうございます」と言えているでしょうか。

振り返ってみる価値はあります。この2つの挨拶に心を込めている職場は必ず繁盛です。自ずから気持ちが行動に現れるからです。

# 51　比較してみよう

## 比較がなければ疑問がわかない

「万有引力の法則」として、アイザック・ニュートン氏が「リンゴが木から落下するのを見て発見した」という説を聞かれた方が多いと思います。

この逸話についてはさまざまな説がありますが、菅野としては「リンゴは落下するのになぜ、月は落下しないのか？」という点に気づいて「万有引力の法則」を発見したという説のほうを支持しています。

なぜなら、比較がなければ疑問がわかないからです。疑問がわかなければ発見に至りません。ビジネスでは、店舗の売上が伸びない、ヒット商品がでない、原価が高い、在庫が多いなどさまざまな問題が山積しています。

実のところ、意識している、していないに関わらず誰しもが「ぼんやり」とではありますが、既に何かしらと比較しているので問題点と感じているのです。

もう一歩すすめて、具体的に上手くいっている会社、商品、人物と比較してみてください。きっと問題解決がすすみます。

# 52 「真っ直ぐ」に並べてみる

## 本来の仕事である誤配の調査や誤出荷対策はそっちのけ

私が品質管理部で仕事をしていた新人時代の話です。当時、上司に教わったことで「真っ直ぐに並べる」ということがあります。私はこの重要性と効用の大きさに全く気が付きませんでした。

品質管理部の仕事の一つとして、誤配の予防や誤出荷を減少させるために全配送センターを巡回指導します。配送センターでは棚やパレットに商品を保管しますが、センター長や管理者の性格でしょうか、配列が「真っ直ぐ」なセンターとガタガタなセンターがあります。

上司は本来の仕事である誤配の調査や誤出荷対策はそっちのけで「真っ直ぐ」にこだわるほうで、センターを訪問するたびに「真っ直ぐ」についてしつこく指導されていました。当時の私は「真っ直ぐ」には一切、こだわっていませんでした。

なぜなら「真っ直ぐ」に並べるにはフォークリフトを利用しても、ハンドリフトを利用するにしても、時間がかかるからです。「真っ直ぐ」でも多少、陳列がゆがんでいても保管効率は数字に影響するレベルではありませんし、「真っ直ぐ」の為に時間をかけると作業時間が増加するわけで、人件費ＵＰにつながります。

むしろ、多少、ゆがんでいてもパッパッと陳列を済ませたほうがよいと考えていました。

それでも、上司は「真っ直ぐ」にとてもこだわる人でしたので、仕方なくセンター巡回時は「真っ直ぐ」を指導していました。元々、納得できないことはできないタイプなので上司に理由を問うたのですが、回答いただけません。とにかく「真っ直ぐ」なのです。

## 一つのルールを徹底することで全体のモラルが向上する

その上司のことは、尊敬していましたので、何か理由があるハズだといろいろ調査してみました。すると、「真っ直ぐ」なセンターとガタガタなセンターでは誤配率や事故率が全く異なるのです。大変驚きました。

理由が良くわからず、更に調査してみると、結局のところ「一事が万事」で「真っ直ぐ」に並べさせる躾が行き届いているセンターでは「キッチリ」と作業をするという意識が高く、そうでないセンターは全般的に仕事が、いい加減になってしまっているということでした。

ただ、「真っ直ぐ」に陳列させることを徹底するだけで誤配や事故率は低下し、ひいてはサービス品質まで向上します。

更には何かしら職場の雰囲気すらピリッとしてきます。

そのうえ、挨拶もシッカリできるようになってきますし、ゴミが落ちていることも少なくなります。嘘のようですが、事実です。ぜひ、やってみてください。

# 53　アンケートの回答項目は偶数で

## 中心化傾向とは

お客様のニーズを知り、「改善」を行うために、アンケートという手段をとる場合があります。

しかしながら、結果がわかりづらく、効果的でないアンケートを見かけます。

飲食チェーン等の外食産業では次のようなアンケート項目をよくみかけませんか。

Q1：従業員の態度は如何でしたか？

【□非常に良かった　□良かった　□普通　□悪かった　□非常に悪かった】

こんな感じの質問項目です。

人事考課では、ご承知のとおり「中心化傾向」というものがあります。「中心化傾向」とは評価結果について両極端を避け、中央に評価が集まることを指します。人間心理として、極端な回答はしたくないものです。

特に「悪い」方面の回答は気が重いですし、記名式ならなおのことです。アンケートでも同様に「中心化傾向」は多く発生しますので、前述の如く回答項目数を奇数である5つにすると中央の「普通」が多くなってしまいがちです。

## アンケートは偶数項目で

改善すべき項目か否かは、結局のところ2択で考える必要があります。

つまり、「良い」のか「悪い」のかを判断しなければなりませんが、奇数の回答項目数では中心化傾向が発生しやすく、結果がわかりにくくなってしまいます。

したがって、私は、「アンケートは偶数項目で!」と申し上げています。

具体的には次のようなパターンが良いと思います。

【□非常に良かった　□良かった　□悪かった　□非常に悪かった】

私の知っている事例で「接客態度」に関する質問を前述の

【□非常に良かった　□良かった　□悪かった　□非常に悪かった】

に変更して実施してみたことがありますが、本当に大変な結果になってしまいました。

変更前はまさしく中心化傾向の「普通」に救われていましたが、変更後は「悪かった」が大部分占めるようになってしまったのです。

更にもうひと工夫するのであれば、

【□非常に良かった　□良かった　□普通　□悪かった】とします。

この項目のポイントは「普通」は「良くないこと」と捉えるアンケートの設計となっています。

また、回答者の心理としても、「悪かった」は記載しにくいものです。再来店を目標とするなら、「普通」は改善すべきポイントと捉えるべきでしょう。

# 54　競争優位─「お客様アンケート」結果の捉え方

## 点数ではなく順位に意味がある

アンケートでは点数化されることが一般的ですが、実のところ点数にはあまり意味がありません。改善ポイントはある程度、わかりますが、改善の優先順位すらわかりません。なぜなら、市場は「競争優位」で勝負が決まるからです。

学校教育で育った我々は順位のみならず、１００点にも大きな意味がありましたが、ビジネスは「順位」のみ意味があるのです。「２番じゃダメなんですか？」と某国会議員の言がありましたが、ビジネスの世界では「２番じゃダメなんです！」。

１番と２番では報道のされ方も全く違いますし、売上も大きく異なる場合が多いです。

また、２番を目指している企業に優秀な人財が集まりますか。地域ナンバーワンのお店と２番の店、どちらを先に訪れたいですか（フォロワー戦略もありますの、で少し乱暴な決めつけですが…）。

点数はあまり意味がありません。アンケート結果が40点でも、業界や地域の同業他社の最高点が30点なら競争優位ですし、たとえ90点でもその他の企業のほとんどが１００点であれば、そのビジネスは成立しません。つまり順位にこそ意味があるのです。

## 競争相手との比較で改善の優先順位が決まる

アンケート項目ごとの個別点数についても然りです。項目の中で一番、点数が低いものが改善の優先順位ではなく、競争相手との比較で点数が一番低いものが改善の優先順位なのです。

本来は経営理念により実施すべき改善の優先順位は変化しますし、また、お客様の考えるニーズの順位も加味して優先順位は決定するべきものですので、難しいところはあります。

しかしながら、今回はそのことを棚上げして技術的な話を続けさせていただき、項目に関する事例をあげておきます。

従業員800名超の物流会社のU社の事例です。わかやすくするため、数字を丸めアンケート項目と点数を単純化して記載しますと、U社は①「価格について」の満足度4点 ②「精度について」の満足度7点でした。一見、U社では「価格」が改善の優先事項と思ってしまいます。

一方、同業他社で常に競合するA社も調べてみました。A社の結果は①「価格について」の満足度3点 ②「精度について」の満足度8点だったのです。実はU社の改善すべき優先順位は「精度」だったのです。これは数字こそ丸めていますが、実際にあったケースです。価格に満足というアンケート結果は出にくいので、注意が必要とされていますが、正しくそのケースでした。

あなたの会社も「競争優位」という視点から見直してみてはいかがでしょうか。

## 55　採用の目的を再確認しよう

### ネット系の新卒募集はすべて廃止

私が人事担当者のとき、インターネット系の新卒募集はすべて廃止しました。理由として「手段」が「目的」になっているのではと考えたからです。

インターネット活用の採用を行って劇的に変化するのは、応募総数です。これは人事担当者には魅力です。なぜなら玉石混淆ですが、応募人数が10倍超になるといっても過言ではないでしょう。

会社にとって魅力的な人物も相当数の応募がありますので、人事は大忙しとなりとても働いているように見えますし、働いた気にもなります。

### 採用活動の本当の目的を考える

採用活動の本来の目的は何でしょうか。

採用につながらない面接や応募対応の作業手間はすべてコストです。特に内定辞退は全てコストです。また、採れたとしてもすぐ退職ではコストですし、本人の人生も変わってしまいます。

採用の本来の「目的」は何でしょうか。

採用活動で求められる結果は、会社の「理念」や「目的」に沿ってチーム力を高めつつ業績を向上させ、かつ、一定期間、退職しない者を採ることです。

## 採用活動の生産性とは何かを考える

一方、採用活動の生産性とは何でしょうか。最も生産性が高い姿とは「必要な人物像の人間」が「必要な人数」のみ応募があり、したがって面接等の選別の必要がないため「すべて採用」し、更には一定期間、退職せずに「成果をあげてもらう」ことが採用活動として最もロスがなく、会社としても最も生産性が高い姿です。

当時のコストとしては業者様への支払いだけで○百万円超でした。応募人数が多いため、当然、採用に到らない筆記試験、面接、書類手続等すべての作業が増えます。つまりドンドン、コストがアップしているわけです。

私としては当然、そのようなことは放置できませんので別の手段を考えました。昔ながらの手段ですが「足」で稼いだのです。大学や高校へ「足」を運び、教授や先生と人間関係を構築し学生を紹介していただく。

この方法なら教授や先生は少なくとも1～2年間は生徒を見ているので人物像が良くわかっておられ、一回の面接に比較してはるかにミスマッチも防げます。

ただし、教授達や大学のキャリアセンターとの人間関係を構築するためには多少の工夫が必要です。基本的にはプッシュ型のマーケティングに近いのですが、私が実施した事項を少し紹介しておきます。

①著作物を読んで手紙を書く。

教授の読みとって欲しいポイントと私が重要だと感じたポイントが一致していると意外と簡単に話がすすみます。ある意味、文化や価値観が近いということであり仕事が進めやすいです。

②講演会に参加し、名刺交換する。

その場で、名刺交換に留まらず、アポイントの約束まで進めば、まずＯＫです。

③キャリアセンターや教授に企画を提案する。

私達の時代は大学とは研究するところなので「就職活動は学生でご自由にどうぞ」という感じでしたが、今は大学にとって就職率はとても重要な数字となっています。企画の内容としては「現役の人事担当者が学生達に就職活動のノウハウや企業側からの面接のポイントを教える」等として、ゼミやキャリア教育の授業で講義をさせてもらうようにもっていきます。さまざまな手段を通じて人間関係を構築するのですが、これが人事担当としての腕のみせどころです。

応募総数は10分の1以下になりましたが、離職率は激減し、それなりに長期間頑張ってくれる人たちを採用できるようになりました。また、コストもインターネット系の費用はもちろん、面接対応、書類等の対応も激減、人件費も削減となりました。

「目的」は何か、あらためて考えてみてはいかがでしょうか。

## 56 欠員補充でなく「投資」としての採用基準

### 将来の期待人財としての採用

景況感から、採用に関しては、まだまだ買い手市場ということで、余裕のある会社から、投資としての採用、つまり欠員補充ではなく、将来の期待人財としての採用について「どんな人材を採用するべきでしょうか?」とご相談を受けることがあります。そのような場合、逆に私からも質問をさせていただきます。「どのような人財が欲しいですか?」

大体、どの経営者や人事担当役員からも同じような回答を頂戴します。

「業務に必要な能力は最低限として、健康で対人能力が高く、協調性があって、機転が利いて、一般常識があって、指示待ち族ではなく、改善能力も高くて、モラルも高く、欲をいうなら学歴も高くて…」と続きます。

私は「貴社の現状の従業員で5年以上継続勤務している人材をランキングしてみて一位の方より「はるかに上」と思われる方は不採用としたほうが良い」と申し上げています。

世の中には素晴らしい能力や技術、人格的にも素敵なビジネスパーソンがいます。求人方法や面接方法を工夫すれば、簡単に採用できますし、実際、そのようなお手伝いもしています。

## 会社の水準レベルの人材以外は定着しない

結局のところ、光り輝く素晴らしい人財を採用しても、会社の文化（レベル）とその人の文化（レベル）が一致しなければ、早期退職です。早期に退職されてしまうと会社も採用された方も、互いに時間の無駄ですし、単なるコストです。

したがって、本当に素晴らしいビジネスパーソンを採用したいのなら、会社の文化を向上させるという一朝一夕にはいかない不断の継続的な努力が必要であり、採用を見直せばすむといった単純なことではありません。

では、結局のところ投資としての採用基準についてはどう考えればよいのでしょうか。

前述したとおり、文化が合わない等、早期に退職されれば会社も応募者も悲劇ですので慎重さが必要です。採用基準の目安を知るためには、まず勤続年数５年以上を上から順番に並べてみてください。そしてその順番と比較してみて、採用基準の上限は今いる従業員ランキング一位の少し上まで、採用基準の下限は従業員ランキングの中間より少し上までです。この中間より少し上という考え方は中間より下を採ってしまうと、今いる従業員の平均レベルが下がるからです。採用に頼るのはそこまでです。その後は既存従業員のレベルを徐々に向上させるしかありません

そのためには、まず何をすればよいのでしょうか。

今、会社にいる従業員達が、絵に書いたような光り輝く人財でなかったとしても精一杯、大切にしてともに成長するための努力をすることです。

## 57　採用面接、採用筆記試験は活きているか

### 会社によっては筆記試験に意味のない場合もある

人事部門としては面接が好印象であったり、筆記試験の点数が高い方を採用したいものです。ところが好印象、例えば「明るい」とか、「数学の点数が高い」方の入社後の活躍はどうでしょうか。また離職率はどうですか。

具体的に事例を申し上げると、私の指導した会社で人事考課と筆記試験の相関関係を調査したところ、「国語系筆記試験」と人事考課の相関関係は全くなく、「数学系筆記試験」は人事考課と正比例の関係があらわれました。

つまり、現状実施の「国語系筆記試験」の内容については、筆記試験を行う意味が全くなかったことになります（基礎能力を計り、足切を行うための指標としての意味はあり得るかもしれませんが…）。

### 採用面接、採用筆記試験の本来の目的

採用面接、採用筆記試験の本来の目的は会社の理念に沿った活動に好影響をもたらす者を入社さ

せることにあります。

しかしながら、組織が大きくなってくると業務も分化し、実施している業務自体が目的になってしまうことがあります。よって実施事項が本来の目的にどのように影響を及ぼしているかを測定しない、意識しない場合が出てくるのです。

実際にあった一部上場企業の人事担当の方とのお話です。その会社は歴史があり、規模も大きいメーカーでした。管理部門が細分化され各課には相当数の人員も配置されています。管理部門だけでも経営企画、総務、労政、庶務、人事、人事企画と別れていました。

お話した担当者のキャリアは、旧国立一期校のご出身で入社当初は工場に1年間のみ配属され、その後は現場に出ることはなく、管理畑一筋の人事係長という役職でした。何の話から雑談の中で、ここ2～3年の会社の業績推移についての話になりました。人事係長は、売上も当期純利益も全くご存知ないという有様でした。

部門の細分化は目の前の仕事のみが仕事となりがちです。彼の場合は人事課で決めた基準に基づいて目標とされた人数を「採る」ことのみが仕事だったのです。彼の評価がその後のプロセスの結果が加味される仕組みでもない限り意識しなくなってしまうのも無理もない話かもしれません。

経営資源のもっとも大切な人財について、入り口でキッチリ精査できれば、会社の業績は大きく伸びます。

採用方法に関して再考してはいかがでしょうか。

# 58 人事考課の留意点―目に見えないものが大切

## 客観的、機械的な人事システムに「魂」を入れる

部門長（部長）クラスの方は人事考課の際に留意していただきたい点です。それは、客観的な人事考課では測れない「甘辛」を付けるためです。なぜ部門長（部長）クラスの方にお願いするかと言えば、直属の上司―係長、課長クラスは客観的に人事考課を付けることが仕事ですが、部門長（部長）クラスが行うべき人事考課は、客観的な人事考課では測れない貢献についての評価、すなわち人事考課に「甘辛」をつけ、客観的、機械的な人事システムに「魂」を入れることが仕事だからです。

## 人事考課にあらわれない貢献をする者がいる

考課基準に沿って客観的に考課を行うと点数は低い。けれども実は組織（会社）に対する貢献度が極めて高いという方が、必ずどの組織（会社）にもいるのです。

本来、人事考課は目に見えるところのみ、対象としていますし、それで良いのです。そうでないと「好き、嫌い」が評価になってしまいます。

しかしながら、機械的な人事考課システムには、誰かが「魂」を吹き込まなければなりません。単純に目に見える結果や態度、能力のみの判定となってしまい長期的にみると組織にとってよろしくありません。

## 会社は人間でできている

なぜなら、組織（会社）は人間でできているからです。人間にとって最も大切なことは「目に見えないこと」や「測定できないこと」が多いと思いませんか。

単純に目に見える、あるいは測定可能な態度、能力、結果のみの判定で組織づくりを行っていくと必ず「何かが足りない組織」になってしまうのです。

人事考課にあらわれない貢献、すなわち「徳」による貢献が人事に活きないからです。「徳」は役職や立場にかかわりません。その人がいることで何かしら職場がなごやかになるとか、豊かな気持ちになる、場がおさまる、ヤル気がでるといった貢献です。

そのような人は、例えば、

①裏表がなく愚直で温かみがある。
②雑用や嫌なことを自ら率先して行い、貧乏くじを厭わない。
③笑顔が素敵。
④いつも一生懸命。

⑤つまらない話でも人の話を真剣に聴く。
⑥自分のことは、後回し。
⑦廊下のゴミをなにげなく拾っている。
⑧メンバーシップが発揮できる。
⑨機嫌にむらがない。
⑩お年寄りやハンディキャップのある人を大切にできる。
といったような行動をとっています。

あなたの部門や部下にも必ずそういう方はいます。ただ、目立つ人達ではないので、自然と目に入る存在ではありません。意識してよく観察しないと視界に入ってこないのです。

特に若手管理職の人事考課の結果には要注意です。彼らはスポットライトの当たらない人材に目が行き届き難いからです。なぜなら、彼らは会社から認められて早い段階から出世していますので自分と同じようなスポットライト組のことは良くわかるのですが、そうでない人達の組織における重要性がよくわからないのです。ですから、人生のワビサビを識る部門長（部長）の出番なのです。

人事考課に甘辛をつけるのは、部門長（部長）クラスの仕事です。

「エコヒイキ」等の中傷をおそれず部門長（部長）層でしっかりと人事考課に甘辛をつけてください。

心を込めて、そして、自信を持って組織が活性化する人事考課をお願いします。

## 59　品切れを怖がってはいけない

### 仕入を見直すことで利益改善がはかれる

実際に店舗経営を行うと、「品切れ」は怖いもので、どうしても少し多めの在庫となりがちです。なぜか。それは機会損失を少しでも抑えたいし、お客様の直接の声として、「品切れ」に対する不満を聞くことになるからです。

しかしながら、忘れてはいけません。「機会損失は実損ではない！」のです。したがって品切れのほうが儲かる場合も少なくありません。簡便な数字でシミレーションしてみましょう。

例えば、①太郎商店は　商品Ａ　上代１０００円（仕入５００円）を5個仕入れ、３個売れました。粗利５００円です。

一方、②二郎商店は　同じく商品Aを仕入れましたが、２個にしました。一人、品切れで機会損失しましたが、２個とも売れました。粗利１０００円です。

つまり、二郎商店は一人、機会損失したにも関わらず粗利が５００円、多いのです。

実際には、買取りでなく委託販売等もありますし、品切れが多いと顧客離れも進むかもしれません。しかしながら、物が売れない時代です。仕入を見直すことで利益改善がはかれるかもしれません。

## 60　正しく悔しがる

**注意された点を改善して、上司を仕事で見返す**

ビジネスパーソンでも、アスリートでも「正しく悔しがる」ことはとても重要です。なぜなら、「悔しさ」が努力のバネになることからです。

しかしながら、「正しく」が重要です。「正しく」がなければ単純に気分が滅入るだけで全く良いことはありません。むしろ悪いことばかりでしょう。

例えば、嫌いな上司から何か注意されて「逆切れ」しても何も始まりません。自分も上司も、そして周りの人たちも気分が悪いだけです。

また、さすがに「逆切れ」はしなかったとしても、いつまでも上司に叱られたことを悩んだり、くよくよと落ち込んでいても同じことです。

「正しく悔しがる」とは、その注意された点を改善して、上司を仕事で見返すことです。

アテネオリンピックの男子体操キャプテンとして米田功氏は、その前のシドニーオリンピックに出場できなかった悔しさから、アテネでは金メダルをとると決め、見事に実現したそうです。正しく悔しがりましょう。

# 第4章　マネジメントに効くサプリ20

# 61 「指示待ち族」製造機は誰か

## なぜ指示を待つようになってしまったのか

「うちの会社は指示待ち族が多くてねぇ、どうしたものかな」といった話を管理職や経営者から伺います。

その従業員達、今は指示待ち族であったとしても、多くの場合は最初から、指示待ち族であったわけではありません。

では、なぜ指示を待つようになってしまったのでしょうか。

多くは「鶴の一声！」が原因です！

未熟であったとしても自分なりに一生懸命、時間をかけて考え、行動しようとしたことを簡単に差し止めたり、全く変更されたりという経験が重なると一般的な判断をする人間であれば、自動的に判断や結論を上司や会社にゆだね、指示を待つようになります。

そのほうが合理的だからで、当たり前の話です。

では、指示待ち族をつくらないためにはどうすればよいのでしょうか。一番、簡単なのはすべての意見を採用することですが、ビジネスではそのようなことはできません。

## 最初からプロセスに関与する

では、どうするのか。それは、上司が最初からプロセスに十分に関与することです。十二分に時間をかけて考えた企画をダメだしされるので、やる気がなくなるわけです。

ですから、アイデアレベルの軽い段階のプロセスから上司が関与し、上手く誘導すれば、当事者からすれば「自分のアイデア、自分の企画」となり、また会社としても「採用可能なアイデアや企画」となるわけです。

Mさんという見事な管理職のマネジメントを拝見したことがあります。

Mさんの部署は経営企画部なので、部門内でさまざまなアイデアを募って政策案を創り役員会で承認を受け、会社政策として実行していくということが一般的なプロセスとなっています。

Mさん以前の管理職は部下達にある程度、アイデアや意見の概要をレポートにまとめさせてから、ミーティングを行っていましたが、Mさんは違いました。

Mさんは週に一回、「雑談会」と称したミニミーティングを持ち、アイデアレベルの段階で意見を述べさせ、そこで否定的な言葉を使わず、方向づけをしていました。結果、どんどんアイデアもでるようになりました。部下達側にもインタビューしましたが、本当に活き活きしていました。一生懸命考えたことがいわゆる「ボツ」になることが皆無になったのですから当たり前です。

これは、大変、時間のかかることなのですが、指示待ち族をつくらないためには必須です。

さあ、プロセスに関与しましょう。

# 62　社長の仕事は何か

社長にしかできない仕事は業態、業種変更

「社長の仕事」は何ですか？

言い換えますと「社長にしかできない仕事」は何でしょうか。いろいろな業種の営業利益率について時代を追って調査すれば自ずとわかってきます。時代の流れによって成長産業は例外なくいずれ衰退産業へと変わるのです。

「盛者必衰」とはよく言ったもので、勢いの盛んな者もついには衰え滅びます。

例えば、ポケットベルはどうでしょうか。自動車電話は、百科事典はどこにいったのでしょうか。

新入社員として会社に入り、そして長く頑張った末に社長にまで昇り詰めた場合は、なおさら頭の切り替えは難しいと思います。しかしながら衰退産業にいくら力を注いでもむなしいだけです。

社長にしかできない仕事、それは業態、業種変更なのです。

スティーブ・ジョブズ氏の会社を考えてください。時代とともにパソコン（コンピュータ）→ポッド（音楽）→フォン（電話）→パッドと変遷していっています。

いつまでも衰退産業の中で改善を指揮することが社長の主な仕事であってはなりません。

# 63　社長が「社長の仕事」をするためには

社長が「社長の仕事」をするためにはどうすればいいか。

変革には痛みも伴いますし、体力、気力、反骨精神が必要です。しかし50歳代、60歳代の社長にそれが可能でしょうか。

明治維新を振り返ってみてもほとんど30歳代が中心となって改革をとげています。50歳代や60歳代の社長が実務の陣頭指揮にあたって改革を成し遂げるのはまず、無理と考えてよいでしょう。

ではどうするか。社長の責任において、抜擢人事を行うことこそ、結果として「社長の仕事」をすることになるのです。長年培ってきたその経営者としての眼力で30歳代の「やる気」と「能力」と「私欲のない改革への情熱」があるものを抜擢するのです。

## 抜擢人事を行う

## 「私欲の強い者」を抜擢してしまうと会社が傾いてしまう

抜擢人事は社内の抵抗勢力として対応が面倒な人事部との駆け引きがあり、本当にパワーが必要ですが、社長の頑張りどころです。

ゴーン革命では、社長が課長級まで人事に関与することになりました。古くはトヨタの故大野耐一副社長は入社数年目の少数精鋭を引き抜き、現場改善の直接指導を行っています。張名誉会長も大野氏から直接指導を受けた一人です。

抜擢人事は「私欲の強い者」を抜擢してしまうと会社が傾いてしまうことすらあるので、本当に難しい選考です。社長が責任をもって社長の眼力でセレクトせねばなりません。そのために普段から現場に足を運ばなければあまりにも無謀な賭けとなってしまいます。

大企業病という言葉があります。組織の官僚主義やセクショナリズム、事なかれ主義、縦割り主義などが蔓延し、組織の非活性をもたらすことをいいますが、最も問題なのは30歳代の従業員と経営トップ、役員層が分断されてしまうことです。

大きな会社では各階層を通じて経営層へ情報が伝達されます。一般従業員→主任→係長→課長→部長→担当役員等ですね。本来はそのプロセスを通じて情報が精査されるハズなのですが、悲しいかな、実現が難しいと思われる案件や、管理職層に都合の悪い情報がシャットアウトされ、経営層に伝わらなくなっている場合が多々あります。30歳代は最も最前線で活躍し、しかも会社文化に基づく判断や、世間での常識もわかっています。40歳代は少し会社のことがわかりすぎて大胆な改革に抵抗をもつ場合が多いのが一般的です。したがって経営層は30歳代の意見が耳に入るよう努力しなければ会社の将来を揺るがしかねない難しい人選はできないでしょう。

役員専用エレベーターにのっている場合ではありません。

# 64　組織のモラルダウンは誰の責任か

## 組織は上層部から腐敗してくる

従業員がダラダラしている、モラルやモチベーションが低い等のご相談を受けるときがあります。従業員ヒアリング等の調査をするまでもなく、おおよそ原因は見えています。私は質問します。「社長様や役員は週に何日、そして何時に出勤なさいますか？」本当は聞くまでもありません。ほぼ１００％の確率で出勤率は低く、そして併せて出勤時間も遅いのです。

「魚は頭から腐る」という諺があります。トルコ、ロシアの諺である等、諸説ありますが「国家や組織は上層部から腐敗してくるものだ」という意味合いです。

取締役は法的には時間拘束等がないので、理論上は遅刻もありませんし、出勤の義務すらありません。だからといって経営層が規範となるような働きぶりでないなら、全従業員に大きな影響を与えます。

新入社員が悪いからといって会社全体のモラルが下がるわけはありません。まず、経営層から正していきましょう。

## 65　ビジネスの不調は誰の責任か

**その質問が不調の最大原因**

経営者から「ビジネスが不調なのでテコ入れしてもらえませんか。まずは、営業部からと考えるのですが…」というようなご相談を頂戴することが多々あります。

「その質問が不調の最大原因です」と私は申し上げます。

「経営者である私がどう変わればよいかアドバイスいただけませんか？」というご相談は、まずありません。そこが一番、問題なのです。

経営者自身が変わる覚悟がなければ、ビジネスは復調しません。

なぜなら経営者が今のままでよいなら、今、良い結果が出ているはずだからです。

**成功を収めたときには窓の外を見て、結果が悪かったときには鏡を見る**

名著の一つであろう『ビジョナリーカンパニー2　飛躍の法則』では、良い指導者の条件として「成功を収めたときには窓の外を見て、結果が悪かったときには鏡を見る」といっています。

ビジネスが上手くいっていない経営者の皆様。まず、じっくり鏡を見てください。

# 66 なぜ私の部下は、いつまで経っても仕事ができないのか

あなたの部下だから、いつまで経っても仕事ができない

菅野先生、本当に困っているのですよ。うちの部下はいくら言っても「どこ吹く風」で全く成長がみられません。同じことの繰り返しです。正直なところ部下がないほうがましなくらいです。部下を入れ替えるなり、なんなり、してくれれば助かるのに…菅野先生から人事部に何とか言ってもらえませんか。

不満げな管理職からそのようなご相談を受けることがありますが、極めて理由は簡単です。人事制度が正常に機能していれば、仕事ができる人は部下ではなく、上司になってしまいます。仕事ができないから、部下なのです。言い換えればできない部下のおかげで上司でいられるのです。したがって、上司側の考え方を「部下は仕事ができないことが普通」という前提に頭を切り替えてもらわねばなりません。まずは、そこからがスタートです。

言うだけでできるようになってくれるなら、そんな楽な上司はありません。言うだけでできるなら教育ビデオでも見せておけば良いのではありませんか。

できない部下にできるようになってもらうよう創意工夫し、努力するから上司なのです。

## 67　伸び悩んでいる部下への対応策は

### すすんで良い声をかけてみる

もしかすると、「良い声」をかけていないのかもしれません。

「良い声」は「良い肥」です。

「良い肥」があれば、植物は成長が促進されます。

人も同じで「良い声」が必要です。

明るく、笑顔で「いつも頑張ってくれているね、ありがとう！」「君がいてくれて助かったよ！」

「今回は失敗したけど、次は期待しているよ！」etc。

すすんで良い声をかけてみてください。

上司が率先して継続的に「良い声」をかけることができるようになると、職場という土壌が変化してきます。職場が明るくなり、部下がノビノビ仕事ができる明るい職場へ生まれ変わるのです。

ある意味当然です。「良い肥え」が、たくさん職場にまかれるのですから。

あっ、部下達だけでなく、同僚、上司、お客様、業者様にもお願いします。ご家族、子供達やパートナー、ご両親にも「良い声」をお忘れなく。

# 68　管理職の一番大切な仕事は

## なかなか当を得た回答が得ることができない

管理職研修の入り口では必ず意地悪な質問をします。

「管理職の一番大切な仕事とは何ですか?」

管理職とはマネージャーであり、マネジメントが仕事です。学術的に勉強されている管理職の方は、その旨の回答をされることが多いです。

「では、管理職の仕事を一言でいえば?」と重ねて質問すると、なかなか当を得た回答が得ることができない場合が多いです。

## 管理職の仕事は決めることである!

私はいつも、「管理職の仕事は決めること」であると申し上げています。

一般職と管理職の違いとは何か。名ばかり管理職が多い時代ですので、なんとも言えないですが、本来あるべき姿をいえば、決定権があるか、否かということのはずです。

なぜ、このようなことを申し上げているかというと、どの会社でも決めない管理職が多すぎるからです。責任回避で、「お伺い方式」が本当に多いです。

## 管理職の醍醐味は、決断です

決めて責任をとる。それでこそ管理職ではありませんか。

中小企業でトップダウンの体質が強いところは、勝手に決めると叱られるので、更に決めない管理職が多くなります。

気持ちはわかりますが、あまりにも気概がなさすぎる。勝手に判断して叱られたら、開き直ったらいいじゃないですか。

「管理職だから決めました、自分の課のことすら決めていけないなら管理職の意味がないので管理職から降ろしてください」ぐらいは言って欲しいですね。

はっきり言って、決めるから管理職なのです。

決めないのなら「長く務めたただの先輩」です。長く勤めているから給料が高く、長く勤めているから多少は人より仕事ができるだけで、やっていることは、なんら一般職と変わりません。

決めないのであれば、「ただの先輩」が管理職の給与を取っている、若しくは盗っているのです。

心外かもしれませんが、職務以上の給与をとっているのですから、盗っているといわれてもしかたないかもしれません。

さあ、管理職の皆さん、勇気を持って決断しましょう。

# 69　管理職の仕事はマネジメント

## マネジメントとコントロールの違い

　私は品質マネジメントシステムの国際規格ＩＳＯ９０００１の認証取得のためのプロジェクト責任者の経験があります。英語原本のＩＳＯ規格と日本語版のＪＩＳ規格の二つをずいぶん、ニラメッコしました。その中で気になるのがマネジメントとコントロールの言葉の使い分けでした。

　一般的にはマネジメントもコントロールも「管理」と日本語訳されます。しかしながら、マネジメントとコントロールは全く「別物」と考えるべきでしょう。

　マネジメントは、do right things、正しいことをする。

　これに対し、コントロールは、do things right、事を正しくする等、さまざまに説明がなされていますが、私は、

◆マネジメントとは、目標を定めてＰＤＣＡサイクルを回転させること。

◆コントロールとは、基準と比較し制御することである。

と申し上げています。したがって、管理職は、マネージャーですので、統制や制御（コントロール）ではなく、マネジメントをお願いします。

# 70　早く家に帰ろう勧奨で売上改善

## サービス残業が80時間超

ずいぶん前になりますが、顔見知りの経営コンサルタントA先生から面白い事例を伺いました。

本件改善事例の会社は販売会社で営業マンが20名くらいの小規模な会社でした。社長からAさんへの依頼内容は「売上向上」でした。販売会社で業績不振の場合、どの会社においても営業マン達の労働時間は長時間化する傾向にあります。

サービス残業が80時間超とか、休暇日のサービス出勤等が頻繁に行われていること等はよくある話です。

「売上も達成できないのに早く帰るのか？」という無言の圧力から、早く帰宅できなくなったり、休めなくなってしまうのです。

A先生へのミッションは「売上向上」ですので、A先生の仕事は売上アップのための施策を提案することです。ところが、A先生の会社員時代は労政部○十年という経験を持つベテラン労政マンですので、どうしても先に労務問題に目がいってしまいます。

これはこれで、正しいと思います。長時間労働による過労死等、会社に起因した労災事故が発生しますと、おおよそ一人あたり2億円超はかかるといわれていますので、本件ケースの場合、会社のリスクから考えると長時間労働対策こそが最重要課題であったともいえるでしょう。

## とにかく、早く家に帰りなさい

さて、A先生はどのような施策を行ったでしょうか。結果的には、半年後に社長のご希望通りの売上アップを達成することができました。が、その施策とは？

A先生の営業マン達への指示は、「売上のことは考えなくて良いし、仕事が残ろうがどうでも良いので、とりあえず定時退社すること」でした。

最初、戸惑っていた営業マン達でしたが、A先生がうるさく指導するので、しぶしぶ定時退社するようになりました。１か月、２か月と経ちましたが売上アップとはなりませんでした。しかし売上ダウンともなりませんでした。

実のところ、営業マン達の残業理由は仕事の有無ではなく、予算未達成という後ろ暗さから、帰りにくいので残業していただけだったのです。

３か月が過ぎました。同じく定時退社でしたが売上が少しですがアップし始めたのです。半年後には約20％のアップとなりました。

これにて社長のご要望は達成！　一見落着となりました。

## なぜ売上が向上したのか

なぜ、売上が向上したのか。

その理由を調査したところ、会社を出る時間が23時過ぎの頃は家に帰っても家族達は寝ています。休暇も出勤し家族とすごせず、また、疲れもとれない。当然、毎日、疲れ切った状態での出勤でした。いわゆるズルズル、ダラダラの状態ですね。当然、元気もなくなり表情も暗くなります。

一方、定時退社が常態化するようになってからの営業マン達は家族や恋人とのコミュニケーションもはかれ、人間関係も改善し、また、休暇でしっかりリフレッシュできるようになりました。当然、表情も明るくなり、元気にもなり、モチベーションもアップし、業務にメリハリがつくことで業績改善につながったとのことです。

## 最も効果的な施策を実施しただけ！

当初、定時退社が始まった頃の営業マンの中には、奥様から「あんた、会社、首になったん隠してるんちゃう？」といわれた人もいたそうです。

また、人によっては何をしてよいかわからず、時間を持て余して困ったそうです。月に80時間以上の残業をしていたそうですから、毎日3時間強余ってきます。当然と言えば当然ですね。

A先生は「売上アップの近道は定時退社であるという私の「ヨミ」どうりで、最も効果的な施策を実行していただいただけ」といいます。本当かな？

# 71　マネジメントスキルはなぜ努力しても上達しないのか

## 管理職層は大いに勉強し実践

現在、日本には欧米ビジネススクール系の経営ノウハウ、スキルが大量に流入しています。ＭＢＡホルダーの登用やコンサルティング会社の活用、書店にはビジネスノウハウやスキルに関する書籍があふれかえり、経営者、管理職層は大いに勉強し実践しています。

しかしながら、昨今では、大きな成果がみられたとは思えません。

それはなぜでしょうか。

## 「マネジメント」は「スキル」ではなく「心」だから

実務上、経営者や管理者は部下にスムーズに動いてもらわなければなりませんので、さまざまな配慮をします。例えば食事や飲みに連れて行ってあげたりします。

しかしながら、その食事や飲みの目的が部下に自分の思い通りに動いてもらうためであったのなら、既に失敗です。経営者、管理者が部下に与えることができる報酬は何でしょうか。

もちろん、目に見える報酬は大切です。地位や所得の向上のことです。経営者や管理者はこちらの配慮は十分に考えている場合は多いように思いますが、心についてはどうでしょうか。

心から「ありがとう」「ご苦労様」と言っていますか。

時には上司と部下ではなく人間対人間としての対立や叱責も必要でしょう。一生懸命に働いたからこそ得れる喜びは伝えられているでしょうか。

食事や飲みが純粋に部下たちに目では見えないものを与えるためであったなら当然、上司のふるまい、つまり部下の話への耳の傾け方や回答内容、態度は全く違うものとなるでしょう。

例えば、部下達の不満の「ガス抜き」的な話の聞き方を上司がしてしまうことは、まずないはずです。残念ながら上司がいくら上手く、装ってみても、そこは人間対人間です。部下には見抜かれてしまうのです。なんとなく「ガス抜き」で飲みに連れて行ってくれているのだなと気づかれてしまうのです。

では、どうすればよいのか。

それは、ご自身の家族、ご子息やお嬢様と食事や飲みに行くつもりで行けばよいのです。ぶつかりあうときもあるかもしれません。それでも上辺だけの関係より余程ましです。

「スキル」では本当のマネジメントはできません。

経営者、管理者が部下に対して、本気で、そして尊敬の念をもって目では見えない、かけがえのないモノを与えようとする意志が本当のマネジメントを生み出します。

経営者や管理者の皆さん、心で挑んでください。

# 72　役員報酬の適正額を考える

## 役員報酬は引き算で考えてください

役員報酬の適正額について質問を受けるときがあります。その質問は、新聞等、報道の影響でしょうか。「業績が悪いのに１０００万円超の役員報酬とは何事か？」との声です。

役員側の立場で考えると相場からいって上場企業の役員で年棒１０００万円なら十分下げている、という考えでしょう。

そのご質問に対しては、申し訳ないのですが、「あたりまえ」の話を申しあげています。

「役員報酬は引き算で考えてください」

役員と従業員は全く立場が異なるのです。ですから就業時間に拘束されませんし、基本的に自由です。役員報酬がゼロであっても労働基準法も適応されません。そのかわり、会社に利益さえ出ていれば青天井なのです。世間相場と全く関係がないのです。取引業者、従業員、株主等、役員以外への支払いがそこそこ納得いただけるレベル、つまり相場感のある支払いを終えて最後に残ったものを頂戴するのが役員です。相場は全く関係ありません。

それが、嫌なら役員の資格はありません、従業員に戻れば良いだけのことです。

# 73　「持ち逃げ」されて結構やないか

**O先生のチェーン店**

私の実務における経営学の恩師、O先生（飲食チェーンの創業社長で既に逝去されています）に大学生時代にご指導を賜ったお話です。

さまざまな考え方はありますが、如何なる場合も「他責」とせず、「自責」とすることで「経営」と「人」を高める、重要な考え方の一つと思います。いまだに心に残る逸話です。

O先生のチェーン店では、アルバイトであったとしても入店してその日からレジをさせます。当時、他のチェーンでは「持ち逃げ」の話等も聞いていましたので、質問しました。

私　　:「O先生のチェーンでは入社日からレジを触らせているが、持ち逃げされたことはないのですか？　私としてはしばらく､経ってからレジを担当させたほうが良いと思いますが…」

O先生:「菅野君､一番の経営参画はお金を触らせることだよ。お金を触ればその日の売上がわかる。その従業員が頭が悪くなければ自分の給与や時給の適正額かわかる。お金を盗む根底には給与や時給に対する不満があるんだよ」

私　：「私の知る洋品店では、半年にわたって店長が不正を行い、500万円超抜かれていたという話を聞いていますが…」

O先生：「それは、本当は店長に支払わねばならない、適正な賃金をその店長が盗ってくれたんだよ。ありがたいじゃないか！　私のチェーンでは店舗をまかせたら、銀行からお金を借りるのと同じ程度のロイヤリティーしかとっていないよ。だから、頑張れば頑張るほど、そのお店の従業員が潤う仕組みだよ。お金を500万円も抜かれて、その洋品店が持続しているのは、いよいよ盗まれたお金は本来、従業員に支払うべきお金だったんだよ」

私　：しかしながら、やはり「持ち逃げ」されたことはあるでしょう？

O先生：私のチェーンでは8店舗しかないからか聞いていないよ。それに「持ち逃げ」されたとしても、店長が信頼して雇用した人が「持ち逃げ」したのなら、「手切れ金」で良いではないか。それより当初から従業員を経営参画させるほうがリスクよりメリットが大きいよ。「持ち逃げ」は経営者が店長に、店長が従業員に仕事をまかせっきりの割に給与や、時給が少ないから起きるんだよ。コミュニケーションをシッカリとり、信頼関係が構築されていて、更には、経営者や、店長が汗を流している分だけの報酬しかとらずに、後は従業員に還元していたら、そんな問題は起きないよ。もし、それだけの経営努力をした上で問題が起きたのなら余程、経営者としての適正がないと判断し廃業するしかないよ！

「人」を介して「結果」を出す、経営者としての「覚悟」です。

# 74　優秀な管理職から経営者を選んではいけない

## 本来あるべき経営者と管理職の適正

日本で、ある程度の企業規模をもつ会社の人事システムでは優秀な管理職層から選抜されて経営者になる場合が多いです。例えば、管理部長から役員、社長といった流れです。しかしながら、本当にそれでよいのでしょうか。本来あるべき経営者と管理職の適正は全くといってよいほど異なります。なぜなら、管理職と経営者は全く違う仕事をしなければならないからです。

管理職は与えられた枠組みのなかでＰＤＣＡサイクルを回転させ、マネジメントすることが一番、重要な仕事です。つまり「枠の中で考える」ことが仕事です。

ＰＤＣＡサイクルとは、Ｐｌａｎ（計画）、Ｄｏ（実施・実行）、Ｃｈｅｃｋ（点検・評価）、Ａｃｔ（処置・改善）の４段階のことで、この４段階を順次行って一周したら、最後のＡｃｔを次のＰＤＣＡサイクルにつなげ、螺旋を描くようにサイクルを向上させることですが、まさしく管理職の仕事は会社が定めた目標について自分の部署や課の目標にブレイクダウンし、その目標を達成するために合理的な手段と方法でＰＤＣＡサイクルを回転させることが仕事です。

逆にいうと突拍子もないことや奇想天外なことは不要なのです。

一方、経営者のあるべき姿は、時代を予見し、利益を生み出しやすいであろう陳腐化していない新市場を開発すること、つまりイノベーション、レボリューションが仕事です。

つまり「枠からはみ出す」ことが仕事なのです。

## 優秀な管理職を経営者にすることで良かった時代

事実、戦後日本を引っ張ってきた優秀な経営者が今の大企業の一般社員として入社した場合、社長どころか管理職にもなれないかもしれません。

例えば、本田宗一郎氏はどうでしょうか。スパナをもって従業員を追いかけまわしたというエピソードが良く知られていますが、仮に、今そんな人がいたら、いくら天才的でも「あいつはあぶない」ということで主任にもなれないでしょう。

スティーブ・ジョブズ氏でもそうです。優秀な開発部の社員が寝食を忘れて一生懸命、開発してきた試作品を壁にぶち当てて激怒する人が日本の人事システムで社長になれるでしょうか。

優秀な管理職を経営者にすることで良かった時代は、右肩上がりの時代です。「決められたこと」を「決められた枠組み」で緻密にマネジメントしていく。それで経営者がつとまる時代は終わりました。

社長人事は、現経営者が命がけの選球眼で大所高所から「抜擢人事」を行い、時間をかけて秘蔵っ子のように育てるしかありません。

# 75　儲けるにはどうすればよいか

## 信者を創れば、儲かる

よく言われる話ですが、「儲」の字面をもじって「信者を創れば、儲かる」といいますね。確かに「信者」を創れば儲かるでしょう。

では、どうすれば「信者」ができるのでしょうか。

これは、宗教が飛躍的に信者を増やし、発展する際に発生したことを考えればよいのです。宗教はどのようなときに飛躍的に発展するか。飛躍的発展を遂げる宗教には例外なく、教祖や預言者による救済があります。

一番、わかりやすいのは奇跡による救済でしょう。例えば、目が見えない人がみえるようになったり、足にハンディキャップのある人が歩けるようになったり、極端な事例では死者が生き返ったり…ですね。

## 奇跡はなくとも信者になるとき

しかしながら、奇跡はなくとも信者になる場合もあります。例えば、故マザーテレサに対して信仰に近い思いを抱く人々がいます。彼女は神ではありませんし、教祖でもありません。基本的な活動は「死を待つ家」でその人に寄り添い、その人のために祈り、亡くなった場合はその人の持つ信仰で葬式をあげることです。そこには奇跡はありません。

しかし言葉では語りつくせない気持ちの救済があります。

助けられた人はもちろんのこと、彼女の言動や行いを通じて、その思いに触れた人が助かった気持ちになるから彼女に対して信仰に近い思いを抱くのです。

## 個人の「儲け」のみに執着する人は儲からない

いずれの場合も、本当に「助かったなあ」と心から感動し感謝したので信者となったのです。ビジネスでも同様です。商品やサービスの究極の結果は「楽しい」「役だった」「良かった」「嬉しい」ではなく本当に「助かった」という感動です。その水準までの思いを抱いていただければお客様は信者に変わるのです。

また、よくよく考えると「あたり前」の話ですが、あなたがビジネスパートナーを選択する際に、「よし、儲けてやろう！」と考えている方と、「何かお困りのようなので私でお役に立てることがないかな？」と考えている方とどちらを選択しますか。言わずもがなですね。

逆説的ですが、個人の「儲け」のみに執着する人は儲からないということです。「私さえよければ！」の気持ちでビジネスを行っている限りは長期的な「儲かり」は期待できないようですね。

## 76　業績悪化時の役員報酬減額対策は

経営者自身の責任を超えて業績が悪化するとき

業績の良いときは問題がないのですが、不景気等の要因により、経営者自身の責任を超えて業績が悪化する場合があり、不本意ながらもボーナスカットや給与の減額を余儀なくされる場合があります。

その場合、セオリーどおりに動くなら経営者自らの役員報酬を大きく下げて、次に従業員のボーナス減額、給与の減額といった順番となります。

しかしながら、役員にも生活があるじゃないか、どうすればよいのか、という問題が残ります。

確かにそのとおりです。

また、多くの経営者は銀行や金融機関に個人保証を行っている場合も多いものです。

経営者の立場に立ってみれば、「我々は従業員と違って多くのリスクを負っており、少しくらい得をしても良いじゃないか？」という考え方もあるでしょう。

しかしながら、それでは従業員達は納得しないのです。

## 上手く切り抜ける経営者

そのような状況下を上手く、切り抜ける経営者もおられます。

砕石事業を営む未上場で中堅企業のK社長のお話をしましょう。

K社長、元々は大手半導体メーカーの開発技術者であり、金融工学にも詳しい方で、やむなく家業の砕石事業を継承されたという業界では変わり種です。

K社長は砕石業界としては新しいさまざまなビジネス手法を採り入れ、営業利益率おおよそ20％を維持されていますが、当然、景気、不景気もあり儲からない年度もあります。

その場合、役員報酬の減額や、ボーナスカットという策を講じなければなりません。

モラルダウンを最小限に食い止めるためには率先垂範でオーナーのK社長、自らが大きく役員報酬を減額しなければなりません。頭ではわかっていてもなかなか、できることではありませんが、K社長は真っ先に自らの役員報酬を減額します。さすがです。

なぜそのようなことが可能なのか。

実はK社長！　従業員には秘密を持っているのです。K社長は金融工学の専門家ですので個人資産で投資を行っていますが、この投資の仕方が見事です。砕石事業とは逆の景況を示す業種、業態の会社に投資されているのです。

結果、本業の砕石事業が儲からないときは、株で儲かり、株で儲からないときは本業で儲かるということになっています。頭も使いようで何とかなるのです。

## 77　会社のグチに感謝する

### 不足奉公は双方の損

経営者達から「うちの従業員は不満が多くて…どうしたものかな？」というご相談をいただくときがあります。

私は「良かったですね、従業員に感謝しましょう！」と申しあげることにしています。

「不足奉公は双方の損」とか「述懐奉公身を持たず」と申しますので、会社にとっても従業員にとっても悪い状態であるような気がしますが、私はまんざら悪いことではなく、むしろ良いことと考えています。

海外の大学で経営分野の教授をされている方から伺ったお話です。

久しぶりに日本企業のフィールドワークを行い、あらためて感じたそうです。「日本ほど従業員全般の経営参画意識が高い国はない！」そうです。

海外ではエグゼクティブ等、ほんの一握りの従業員を除いて、業務時間を超えて仕事の話をすることがないそうです。

一方、日本では、たとえ平社員であったとしても従業員同士が飲みに行ったら自分の時間と自分のお金を使っているにもかかわらず、ほとんどの場合、会社の話で持ちきりだからだそうです。

## ただし、内容は「グチ」

日本の従業員のほとんどが、社員はもちろんのこと、アルバイトやパートスタッフに到るまで、生活と仕事を完全に分離して考えている人は殆どないといってよいでしょう。

仕事の時間が終われば仕事の話は一切しない、仕事の時間が終われば、一切仕事に関わることは考えない…お会いしたことがありません。

多くの従業員が業務時間を超えて残業手当も出ないのに自分の時間を使って、更には自分達で馬鹿にならない金額のミーティング費用兼飲食費用まで負担して、会社の目標について、組織について、制度や政策について、ひいてはあるべき人事案についてまで、口角に泡を飛ばしながら深夜まで連日議論をしてくれています。真剣に考えているからこそなのです、

何も考えていなければ、割り切ってしまって家に早く帰って家族達との時間や自分の余暇を満喫することでしょう。

教授の指摘のように、会社の不平不満や、グチが出ることは、裏を返せば真剣に経営に参画しているということで、会社に期待もしているわけです。

ですから、グチや不平不満の多い会社は経営者層が、その方向づけを上手く行えば、大きく良い方向に変わるはずなのです。経営者の皆さん、腕の見せ所です。

# 78　本当のグローバル企業とは

## 施策は本当にグローバル化、ダイバーシティ化への道につながるのか

最近、日本企業では、社員に英語を学ばせたり、社内の公用語を英語にしたりといった施策をすすめている会社が多くなっています。が、その施策は本当にグローバル化への道につながるのでしょうか。

トヨタが北米地域で初めてとなる単独の車両工場をつくったときのお話です。このプロジェクトは、故豊田英二会長が陣頭指揮にあたったので、「会長プロジェクト」と呼ばれており、絶対に失敗はゆるされません。国内トヨタで最も力のある最前線の第一級人材を投入し現地米国人に直接指導をしました。彼らは英語を話すことはできませんでしたが、国内トヨタで鍛えてきた手腕で米国人たちを鍛えあげました。５年ほどで、第一級人材は日本に帰りました。

入れ替わりに第一級人材の部下達が指導にきましたが、第一級人材の直接指導をうけた米国人達とは対立関係になりました。「もう日本人はこなくてよい」という声すらあったそうです。

もちろん、10年も経つと「日本人が先生、米国人が生徒」という構図は成り立たなくなりました。

現在、北米トヨタに日本人の駐在はいますが、本社とのパイプ役としての役割だそうです。

## 本当のグローバル化、ダイバーシティ化とは何か

本当のグローバルとは何でしょうか。

お互いの国の単語をたくさん憶え、文法をシッカリと理解することでしょうか。また、こちらの思いや意見を相手国の言葉でシッカリ伝えらえるようになることでしょうか。

私はそうではないと考えています。

一方、グローバル化と切っても切り離せない概念が、最近、よく耳にされる方も多いと思いますが「ダイバーシティー化」です。ダイバーシティーとは、英語で多様性を指す言葉で、性別や国籍、年齢、ハンディキャップ等にこだわらず多様な人材を活用することで企業の成長と個人の幸せを同時に目指そうという概念のことです。しかしながら、多くの日本企業でいうダイバーシティー化の実態は、多くの外国人と女性を雇用し、労働条件を整備することとなっています。更に雇用の実態としては国籍は確かに外国人であるが中身は日本人のような人々を中心に採用しており、本来の目的である多様化は進んでいないといえるでしょう。本質的に「多様化」を求めていないので本当のグローバル化ができるわけはありません。

本当のグローバル化、ダイバーシティ化とは、国や文化、育った環境、食事、学生生活、信仰、文化が異なり、仕事以外には同じ人間ということくらいしか、共通点を持たない人達が、経営理念のもとに集い、互いに強い結びつきを感じあい、心を許し合える関係を結ぶことができる会社ではないでしょうか。語学も大切ですが、もっと大切なことがあるようです。

# 79　負うた子に教えられて浅瀬を渡る

## 鼻もちならない嫌な先輩

私の大学の先輩で30歳代にして上場企業の部長になられた方がいます。その方は家も裕福で外見も清涼飲料水のCMに出演するくらいハンサム。頭脳明晰で頭の回転も早く、高校時代にはサッカーでインターハイに出場といった経歴の持ち主です。

私からすれば、ねたみもあって「鼻もちならない」嫌な先輩でした。当時の就活は売り手市場でしたので、すんなりと超有名な上場企業に入社。更には奥様も皆があこがれた美人（しかしながら、何か感じは良くない女性）と結婚。順風満帆でいよいよ「嫌な感じ」でした。

## 数十年ぶりにバッタリお会いしたときは素敵な先輩

数十年ぶりにバッタリお会いしてビックリでした。奥様、双子のお子様と一緒に楽しそうにお買い物でした。

「やあ、菅野君！」とさわやかに声をかけていただき、「嫌な感じ」が全くなくなっていました。何か憑き物がとれた感じさえします。人違いかなとさえ思うほど人物像が変わっていました。お子様のほうに視線をやると、お二人ともダウン症でした。私から「大変でしょう？」と思わず、申し上げていました。

「いやいや、全く大変なことはないんだよ。この子供達のおかげで私達は心から、『ありがとう』や『すみません』と言えるようになった。この子供達がどこでお世話になるかもしれないし、皆が思うよりも世間は暖かいものでいろいろな場所で助けていただける。

もし子供達が（嫌いな言葉だけど）健常だったら、私達は君がよく知っている『鼻持ちならない、嫌な先輩』のままだったと思うよ。今思えば恥ずかしいけれど、私も家内も美男美女で頭もよく、人に頭を下げる必要なんかはないと思っていたほうだからね！　子供達は、わかっていない私達に人間として大切な『ありがとう』や『すみません』を教えるために生まれてきてくれたんだよ」

素敵な先輩です。

ビジネスでも同じです。もし、あなたがビジネスで成功し続けていたどうなったでしょうか。受験勉強も難なくこなし、エリート校を出て、就活も成功。そして一流企業に就職。上司や同僚との確執や人間関係に悩むこともなく、仕事では大きなミスや、大きな失敗もなく、与えられた仕事はそつなくこなし、仕事で悩むこともなく、そして苦境に立たされることもない。プロジェクトも大成功し出世街道をマッシグラ…。

きっとあなたは「鼻持ちならない」嫌なヤツになっているのではないでしょうか。

辛いことや厳しいことに感謝し、あなたも素敵な人になりましょう。

## 80 「してあげる」と「させていただく」

### 利益を生み出す接客

仕事柄、接客態度の向上に関して質問されることも多々あります。

接客態度で一番大切なことはなんでしょうか。まずは「挨拶」ですね。声の大きさ、トーン、アイコンタクト、タイミング…いろいろ改善の余地がありそうです。

次に表情、すなわち「笑顔」が重要です。口角が上がった素敵な笑顔を来店の際に見せられると、それだけでお店のファンになってしまいそうです。確かにそれらも重要です。

しかしながら、最も重要なことはなんでしょうか。

それは「意識」です。

具体的に申し上げるなら経営者、従業員の気持ちがお客様に対して、「してあげる」なのか、「させていただく」なのかということです。「してあげる」は接客技術は高くとも、慇懃無礼の接客となりお客様の不満を生みます。「させていただく」はその逆の接客ですね。

「してあげる」は言葉どおり、「あげる」ですので利益を生み出さず、「させていただく」も言葉どおりで「いただく」ので利益を生み出す接客となります。

# 第5章　ビジネスセンスアップに効くサプリ20

# 81　しっぽも一役―仕事に対する考え方

## しっぽにはしっぽの役目がある

私が尊敬する人物の一人として、故永井隆博士がいます。永井博士はあの有名な『長崎の鐘』の著書です。白血病になられてからも、命の限り、人間として最後まで自分にできる「働く」を全うした方です。

永井博士は焼け野原に育った子供達のために、図書館を創ろうと活動されていましたが、資金がないので自分の絵と本の物々交換をされていました。白血病で倒れてからもよく絵を描かれていたそうです。その中の一枚の絵に豚の絵があり、「しっぽも一役」という言葉が添えられています。

その絵はお嬢様とのエピソードから「しっぽも一役」という言葉が添えられました。

お嬢様がまだ幼かった頃のお話です。

白血病で寝たきりの永井博士は、お嬢様によく絵を描いてあげたそうです。

ある日、お嬢様のためにブタの絵をかきましたが、その絵どうしてもブタに見えません。

永井博士が悩んでいたところ、お嬢様から「あっ、おとうちゃん、しっぽがないよ」と一言。それで永井博士も気づき、すぐに、しっぽ一本を描きくわえたそうです。

するとてもかわいい子ブタの絵になりました。
そのとき、永井博士は考えたそうです。しっぽは、おしりの先にくっついるだけで、何をするということない。でも、しっぽにはしっぽの役目があるのだなあと。

## 生まれた限りは何か役割があるはずである

永井博士は、白血病で寝たきりになられたご自身を、世の中の「しっぽ」みたいだと考えられたそうです。ブタのしっぽのようにこの自分にも何か役目があるはずだと考え、その役目を命がある限り全うしようと心に決められたそうです。

永井博士は長崎医科大学（現長崎大学医学部）のご出身でした。卒業式の５日前に中耳炎になり、ほとんど耳が聞こえなったそうです。それで、内科希望だったのですが、あきらめてレントゲン科で働くことになったのです。しばらく経つと不思議と、ある程度耳は回復しています。

当時は結核が流行っていましたが、戦争のためにフィルムが不足しました。やむなく透視での診断であったために白血病になりました。そのことが後の生き方に大きく影響していることは間違いありません。

人間には天命というか、ミッションというか、何かしら役割があると私は考えています。それは、残念ながら、自分のやりたいことと一致しないことが多いようにも思います。

永井博士のように、命の最後の一瞬までいろいろ工夫して、何か働きたい、役に立ちたいですね。

## 82　殿様根性と物乞いさん根性

### 自分を見つめなおす人生の指針

小学校低学年の頃に母から聞かされたお話です。

今も時々、自分を見つめなおす人生の指針となっているエピソードです。

小学生になると、ずいぶん社会性も付き経済格差を理解できるようになります。

給食費が滞って連絡帳に書かれるとか、お弁当が2色弁当（卵焼きと御飯だけ、しかも卵焼きが切っていない等）だとか、急な雨の日に普通の家の子は誰かが迎えに来るのに、私には誰もこないので誰かこないかなと教室で待ち続けたとか（今、思えば愛する父母がいるだけでもありがたい話なのに不足に思っていた自分が恥ずかしいですが）、その経済格差が気になりだしていたであろう私へのお話です。

殿様ってどのような考え方だと思う？　殿様はいつでも、あの人が頑張ってくれたな！　褒美を渡そうとか、あの人は良くやっているな、出世させようとか、「何か喜んでもらうこと」を考えているんだよ。そういう人は殿様だよ。

ところが物乞いさんはどうかな？　きっと「何かくれないかな?」「誰か私のために何かしてく

れないかな？」「してほしいな」、「くれないかな？」と考えて生きていると思うよ。

## お金持ちでも「物乞いさん」がいる

お金持ちでも「物乞いさん」と同じ考え方の人もいるし、お金がなくても殿様と同じように人に喜んでもらうことばかり考えている人もいる。

寅太郎はどちらの考え方になりたいかな。お金がないことは人間として恥ずかしいことではない。お金がなくても立派な生き方はできるし、お金があっても立派でない人もいる。それは心の持ち方であることを教えてくれたお話です。

ビジネスシーンでは良く見かけます。

経営のトップ層である社長や役員が、従業員達に対して
「何をしているんだ、もっと商品を売ってこい！」

「うちは給料が高すぎるんだ！」

「もっと働いてくれよ！」

従業員達の暮らしぶりを高めるためや、社会に貢献するためならよいのですが、自分達の暮らしぶりを上げる、報酬を高めることが目的では、いずれビジネスは衰退してしまいます。なぜなら、「殿様」の適正がないものが指揮しているからです。そのような国が衰退するのと同じです。

今でも、母が教えてくれた日のことを思い出します。

## 83　焦ってはいけない

### やるべきことをやった後は、待つのみ

人間、一生懸命に努力をすると早く成果を求めるものです

「売上」や「利益」、「部下の成長」…努力どおりの成果が早く欲しいものです。

が、焦ってはいけません。

子供の頃、植物の種をまいたことがありますか。次の日、その次の日…早く芽が出ないかな？と気になったものですね。

しかしながら、まだ芽がでないかなあと毎日、土を掘り返したらどうなるでしょう。育つものも育たないです。変化はなくとも水や養分を与えてじっくり待つしかないのです。

種をまいた後に人間が出来ることは、あとは待つことしかないのです。

南宋初期の中国の儒学者、胡寅（こいん）の『読史管見（とくしかんけん）』（「史書を読んでの愚見」という意味）から引用されている有名な言葉で「人事を尽くして天命を待つ」という言葉をご存知でしょう。

やるべきことをやった後は、待つのみです。

焦らずじっくり待ちましょう。

# 84 「誠実」とは変わらないことである

## 朝早くから会社の回りを清掃するＩさん

ビジネスが順調なときは、チヤホヤしていたのに、不調になると忽ち冷たくなる方がおられます。できれば、そのような対応はしたくないものです。

従業員３００名程の食品卸会社の専務、Ｉさんのお話です。

Ｉさんは、夜間高校を卒業後、運送会社の寮に住込みで働いておられました。その会社は私が小学生の頃住んでいた近くにあり、Ｉさんは朝早くから会社の回りを清掃しておられ、学校に行く際によく声をかけてもらいました。

しばらくして私は引っ越しをしましたので、それを境にＩさんと話すこともなくなり、Ｉさんがどうなったのか知る由もありませんでしたが、噂ではその運送会社が倒産したと聞いていました。

数年前、そのＩさんとバッタリお会いする機会がありました。

衣服や持ち物から、経済状態の良さは伺えましたが、飾ることのない、そして穏やかな雰囲気は昔のままのＩさんでした。

本当になつかしい気持ちでいっぱいで、街中にもかかわらず、思わず声をかけてしまいました。

## 運送会社倒産時のエピソード

なに気なしに、運送会社が倒産したときの話になりました。

Iさんの勤める運送会社には、住込従業員が7名程いたそうです。

その会社の社長さんも正直な人で、会社が傾き始めた頃には、いつまでもつかわからないので、会社にかかる迷惑とか一切考えずに、退職したいときにいつでも退職するようにと従業員に指示をされていたそうです。

長く務めると退職金や給与を貰い損ねる可能性が高くなりますし、当時はまだまだ仕事がいくらでもありましたので、一人、二人、三人…と退社し、3か月も経つとIさん以外の従業員は全員、退職しました。

ところがIさんは、退職する気配がありません。いつもどおり朝一番に起きて、会社の前の清掃をグチ一つこぼさず、明るく変わらぬ姿で一生懸命しています。

社長も心配になってOさんになぜ退職しないのか？　と問うたところ、今まで社長や会社にはお世話になったので、社長が会社を完全に閉めるまでは最後まで働かせてください、多少の蓄えもありますのでと申し上げたそうです。

## ある朝のこと

当然、従業員はIさんのみになっています。Iさんがいつものように清掃をしていると、毎朝、店の前を通られる立派な紳士からお声をかけられたそうです。

「この運送会社は閉めると聞いているが、君は変わらぬ様子で、毎日、一生懸命、清掃をしているがなぜなんだ？」

「今までお世話になったご恩返しが少しでもできればと思って本当に会社が閉まるまではずっと働くつもりなんです」

そう回答したところ、その紳士、君の社長に少し話をさせて欲しいとのことです。

「社長さん、今、この青年と少し話をしましたが、なんとも立派な青年じゃないですか。失礼ながら御社はもうすぐ閉めると聞いている。不躾な話なのですが、私は、○○という食品卸会社で社長をしているものです。何とかこの青年を私にあずけてもらえないでしょうか？」とのこと。

「私もこの青年のことだけは気がかりで、何か良い就職口はないかと当れるところはすべてあたっていたところです。この青年はＩ君と申します。不器用なところがありますので成長に時間がかかるかもしれませんが、本当に誠実です。将来、あなたの片腕になることは私がお約束いたしましょう。是非、Ｉ君を使ってやってください」

それから、40年、Ｉさんは、その食品卸会社の専務となり活躍されています。

誰しも状況に流されがちです。まして生活が懸かっているとなると小器用に立ち回りたくもなるものです。

「誠実」とは変わらないことなんです。こうありたいものです。

## 85 「お陰様」を感じよう

成功を支えてくれた「陰」が必ず存在

「やあ、ご無沙汰していますが、お元気ですか、ご子息ももう大きくなられたでしょう?」「お陰様で、もう大学生になりました!」というようなあいさつを聞くことがあります。

本来の「陰」の意味は神仏や偉大なものの「陰」を指し、その庇護を受けるという意味から「お陰様で」という言葉を使用するそうですが、ビジネスや物事が成功するには、決して目立ったり、表に出ることはないけれども、その成功を支えてくれた「陰」が必ず存在します。

気持ちよく働けるよう心をこめて清掃をしてくれている人、毎朝、おいしいお茶を入れてくれる人、嫌な顔一つせず、コピーをとってくれる人…奥様、子供達、ご両親…成功を祈ったに違いありません。

その人達は、あなたのために、あなたの「陰」となって誠心誠意心を込めて頑張ってくれたのです。

そして今日も、明日も、明後日も、たとえあなたが見向きもしてくれなくても、「ありがとう」の感謝の言葉もなくても、もしかしたら、存在にすら気づいてくれなかったとしてもです。

「お陰様」の精神を忘れてはいけません。

# 86　感謝して遠慮なく頂戴する

子供がカナダの大学へ進学したいという相談

40歳代のご婦人の話です。

彼女には、来年に大学進学の年齢を迎えるご子息がいます。そのご子息は、カナダの大学へ進学したいとのことです。

しかしながら、彼女のご主人は普通のサラリーマン。そのようなお金はありませんし、子供の言うことを何でも親が叶えては、彼の将来のためにならないと判断し、日本の大学へ進学するように言いました。

ところが、彼女のお父さんは資産家です。かわいい初孫の要望を叶えてあげたいと思い、資金提供の申し出があったとのこと。彼女はそれを断ろうと思うが…というご相談です。

私は彼女にアドバイスしました。

ご子息がなぜカナダの大学へ進学したいのか理由を真剣に聞き、親として納得できるところがあるなら、ご子息と一緒にお父さんのところに伺い、いずれ恩返しをするというぐらいの思いを胸に、しっかりとお礼を申し上げて資金提供を受けるようにアドバイスを行いました。

### 相手の気持ちになって考えてみることが重要

お父さんの気持ちになってみてください。悲しいですが、いずれお父さんは亡くなるでしょう。そうなると自動的に財産は彼女に相続されるわけですが、そのときはお礼を申し上げるべき相手はいませんし、ご子息も大きくなってご自身でお金を稼ぐようになっているでしょう。

お父さんは子供達や将来のお孫さん達のために頑張って働いてきたのです。ですから、お孫さんの要望が間違っていないかぎり、叶えてあげられるものなら叶えてあげたいでしょう。お礼を言ってほしいとか恩返しをして欲しいとかは思っておられないでしょうが、将来、お孫さんから「おじいさんのおかげでカナダの大学にいけた。夢がかなって立派に働けるようになった。本当にありがとう」といってもらえたらどう感じるでしょうか。

将来、おじいさんが寝こんだときに「おじいさん、恩返しさせてください」といって介抱してくれたらどうでしょうか。

本当に喜んでもらえると思いませんか。ご子息がおじいさんから資金提供を受けたときの感謝と恩返ししたいという気持ちさえ失わなければ、資金提供を受けることは彼の情操教育にかえって良いのではないかと思うのです。

お母さんがご子息に感謝や恩返しという考え方をどう伝えるか。このことさえ、誤らなければおじいさんも、ご子息もすべて喜ぶ結果になるのです。

結果、彼女は資金提供を受けることにしました。感謝して遠慮なく頂戴しましょう。

# 87　本当に「金は天下の回りもの」か

## 金は天下の回り持ち

諸説ありますが、菅野は「金は天下の回り持ち」派です。

「回り持ち」は「持ち」なので、手元資金が存在します。また「回り持ち」には個々の連結感や継続感からバリューチェーンを感じます。

一方、「回りもの」は手元資金の有無は不明ですし、何かしら何もしなくても、自動的にお金が入ってくるような感じを覚えます。

現実のビジネスでは、手元資金は必須ですし、運よくお金が入ってくることは稀有です！

しかしながら、確かに何の努力もなく大金を手にしたという話を耳にすることがあります。

また、事実、本書を読んでくださっている方の中にも、あまり努力をしなかったけれど運よく大金が手に入ったよ！　という人もいるでしょう。

しかしそこには大きな落とし穴があります。努力なくして入ったお金はそのお金を所有する実力がついていないのです。したがって、継続して大金を手にすることが困難となってしまいます。

放漫経営的な「金は天下のまわりもの」ではなく、「金は天下の回り持ち」で行きましょう。

# 88　ニーズを見極めるための訓練

## 当たり前のことを当たり前にやる

ビジネスを成功させるには、まず「売れる製品」、「売れるサービス」を創造せねばなりません。そのためにはまず、市場やお客様のニーズを見極める力を付けなければなりません。

故松下幸之助翁が経営の本質とはとの質問を受け、「雨が降れば傘をさすということです」と答えたという有名な話があります。

ＰＨＰ総合研究所研究本部第一研究部主任研究員の佐藤悌二郎氏によれば、この文言は「当たり前のことを当たり前にやる」、経営でいえば「いい製品をつくって、それを適正な利益を取って販売し、売れば代金を必ずもらう、といったことをきちっとやっていけば、経営はうまくいくようになっている」という旨の解釈がなされています。

ところが、このお話では、もっとも難しいところ、「いい製品」とはどうすれば創造できるかがわかりません。市場やお客様のニーズを見極められなければ良い製品やサービスは創れないのです。

これは、商売の出発点で最も難しいところです。

なぜならビジネスとして成り立つであろう、まだ商品化されていない未知、暗黙のニーズはアンケートでは現れませんし、新聞にも載っていません。誰も教えてくれないのです。

身近なお客様ですら、あなたにすべてのニーズを伝えてくれるでしょうか。おそらく相当、気心がしれていてもすべて口にしてくれるお客様はいないでしょう。また、本当のニーズはお客様自身も気がついていないかもしれません。接している者が読み取るしかないのです。

ウォークマンもアイポッドもアンケートやヒアリングからでは創造できないのです。

## 家庭が最良の訓練の場である

そのための訓練の場として最もふさわしいのが「家庭」です（本当はビジネス抜きに人間として最も大切なところですが）。お父様、お母様が一番喜ぶことは何かわかっていますか。

ご主人様、奥様は？　子供達は？　あなたがわかった気になっているだけではありませんか？　自信をもってわかっているといえますか？

「ちょっと待ってよ！　家庭と会社、ビジネスとは別のものだよ。父や母、家内や子供達のニーズは自信をもっては答えられないけど、仕事に関しては自信あるよ」といった声が聞こえてきそうです。気持ちはわかりますが、断言できます。

最も身近にいて最も長い時間、接している家族のニーズもわからないなら、当然、社会やお客様のニーズも見極められないでしょう。絶対に、見直してください。

更に明るい家庭になるし、ビジネスももっと成功すると思いますよ。

# 89　人よりもよけいに頭が下がる

皆さんよくご存知の超大企業、M物産で当時、最年少支店長になられたAさんの話です。

Aさんは、現在66歳。国立旧二期校のご出身であるAさんが、最年少で支店長になるためには相当、努力されかつ結果も出されたと思います。

数年前にそのAさんと、東京で食事をする機会があり、楽しく歓談させていただいた後、ご辞退申し上げたのですが、新幹線の入り口までお見送りいただきました。なんの気なしに、後ろを振り返ってみると、そのAさん、こちらから後頭部が見えるほど頭を下げておられるのです。

故松下幸之助翁は商人の重要な要件として「人よりよけいに頭の下がる人」とおっしゃっていますが、まさしくその実践をみるようでした。

幸之助翁は「お客様が出て行く後ろ姿にありがたく手を合わす。そういう心持ちの店には人が自然と集まってくる」ともおっしゃっています。

コストはゼロですし、たったおじぎ一つのことなのですが、実践となると難しい話です。

Aさん、さすがです。

人よりよけいに頭の下がる人

# 90　日本一、複写機を販売した男のもてなし方

## Y君のおもてなし

複写機販売セールス日本一を複数回、記録した経験を持つ友人（Y君）の結婚式でスピーチをさせてもらいました。そのお礼ということでY君宅へお邪魔した際のエピソードです。

私が、Y家を訪問し、お酒をごちそうになっていると、遅れてY君の叔父さんがいらした。叔父さんと私は予てより、面識があり、お酒を酌み交わす仲でもあったので、Y君は、お酒が好きな二人を同日に『もてなす』という作戦のようである。

今日も楽しい宴会になるなと私は思いました。案の定、お酒も進み深夜となりました。そろそろ帰宅しようと玄関を出てビックリ！

## 駐車場に叔父さんの自動車がある

私は逆戻りし、叔父さんに話の聞こえない所へY君を呼び出しました。

「Y君は叔父さんが喜ぶと思ってお酒を出したのなら浅はかすぎる。万が一、事故になったら取り返しがつかない。この地域では運転代行も難しいだろう、どうするつもりだ！」と問いただしま

した。

## 「もてなし」とは徹底的に相手に喜んでもらうこと

Y君は涼しい顔で「菅野さん、『もてなし』とは相手の喜ぶことを相手の気持ちになって徹底的にさせていただくことだよ。飲みたいなら飲みたいだけ飲んでもらって、後はY家に泊まってもらっても良いし、お金が多くかかっても運転代行を頼めばすむこと！　自動車だからお酒は飲まないでというのは、一見、相手の立場に立っているようだが、自分に都合の良い簡単な選択肢を選んだだけで、相手の立場にたった『もてなし』を探してないだけだよ。『もてなし』とは言えないね！」。

皆さんもご経験はないでしょうか。

人間はどうしても自分の都合の良いほうに理由づけをしてしまいがちです。特に接待等、自分がもてなす側ではとても気を使いますので疲れます。ビジネスで接待しているわけですので、得意先と同じ土俵で楽しんでしまっては接待とはいえないので当たり前の話です。ですから、いくら気心が知れた得意先の接待であったとしても、どうしてもその時間を短く終わらせてしまおうという心理が働いてしまうことは無理もないことかもしれません。Y君はそれを防ぐ手段としてビジネスの接待では自分なりのルールを持っています。気心がしれた得意先という前提での行動ですが、自分からは絶対に帰ろうとしないそうです。そうすることで自分が帰りたい時間に帰るということを防いでいるそうです。それにしてもY君には一本とられました。

# 91　本当にきれいな心

## 本当にきれいな心とはどんなもの

私の実務における経営学の恩師、Ｏ先生（飲食チェーンの創業社長で既に逝去されています）に大学生時代にご指導を賜ったお話です。

私が将来、人生やビジネスに悩んだり、苦しんだりする時代が来るだろう、そのときのためにということで、次のお話を頂戴しました。

菅野君、本当にきれいな心とはどんなものだと思う。

## 例え話をしよう

真綿も白玉も同じく真っ白だろう。でも「おしるこ」に入れたらどうなる？　真綿は染み込んで真っ黒になる。一方、白玉は白いままだろ。人間も同じで育った環境、生活環境がよければ、誰しも真っ白でいられる。でも大切なのは、厳しい環境下におかれたとき、すなわち泥水のような環境に入ったときだよ。泥水につかっても白いままでいられる心が本当にきれいな心だよ。

菅野君は将来も「白い」ままでいられるかな？

## 92　愚直に精一杯、力を出し切ってみる

### 村の青年団に入団テスト

従業員数２００名程の会社の会長であるＦさんのエピソードです。

Ｆさんのご出身の村では、ある年齢で、必ず村の青年団に入団しなければなりません。入団テストとして、山の大きな岩を動かさなければならなかったそうです。

Ｆさんもその年齢になり、Ｆさんは同い年の友人であるＢさんとともに団長さんに連れられて、山に入りました。Ｆさんが示された岩、Ｂさんが示された岩、どちらも絶対に動きそうもない、大きな岩だったそうです。

団長さん曰く、「今から3か月間、この岩を一生懸命に押して、少しでもよいから動かしなさい。道具、機材は使ってはいけない。それが入団テストだ。頑張りなさい！」とのご指示だったそうです。

### 素直に雨の日も風の日もその岩を力一杯押し続けたＦさん

Ｆさん、Ｂさんは「これは絶対に動かない」と、どちらも思ったそうです。

Ｂさんは「あんな岩は動きっこないので、無駄なことはしない」との判断でした。

一方、Ｆさんは（ご自身でおっしゃるには）昔から愚鈍だったそうで、動かないとは思いながらも素直に雨の日も風の日もその岩を力一杯、押し続けたそうです。

３か月が経ちました。再び、団長さんはＦさん、Ｂさんを引き連れ、それぞれの大きな岩のところにいって確認。どちらの岩も少しも動いていません。

これで確認は終わりかな、入団テスト不合格だな、と思ったところ団長さんは二人を連れて更に山の奥へ進みました。

今度は少し小さな岩を指して動かしてみなさいとのご指示。

Ｂさんが押してもピクリともしません。ところがＦさんが押してみると少し動きました。そうです、Ｆさんは毎日、力を振り絞って大きな岩を押し続けたので、小さな岩なら動かせる力がついていたのです。

団長さんがＢさんに一言。「Ｂ君はちゃんとやったかかな？　できてもできなくても精一杯、やるところに、この力の差が出たのだよ！」

Ｂさんは、次の日から大きな岩を毎日、精一杯押しに行くようになり、３か月後入団できました。

ビジネスでもある話です。「こんな大きな仕事、自分ではできっこない」といった仕事を任されるケースです。当然、ビジネスでは納期日に「一生懸命頑張りましたができませんでした」では甚大な被害をもたらすので、適切に報告や相談をしなければなりませんが、頭から仕事を放棄してい
ることはありませんか。できなくても努力するところに力が付くのです。トライしてみましょう。

# 93　山頂に大木は育たない

苦労を肥やしとして前向きに生きる
高い山の頂上にそびえ立つ大木をご覧になったことはありますか。ないはずです。なぜなら土に養分が足りないのです。水や養分は自然の摂理として低いところに流れていくのです。

小学生の高学年のとき、貧しい暮らしぶりに母にグチをこぼしてしまいました。
なぜ、うちの家は食事がないときがあるの？
なぜ、うちは給食費が払えないの？
なぜ、うちにはお風呂がないの？
なぜ、家でも勉強がしたいのに机がないの？
なぜ、ほしい問題集があっても買ってもらえないの？
この話は、そのときに母から教えてもらった話です。
人生やビジネスも同様です。今が辛い方、今こそが頑張り時です。
苦労を自分が大木になるための肥やしとして前向きに生きていきましょう。

## 94　親孝行と顧客満足―ニーズを満たすとは何か

ニーズに沿って考えてみる

大半の方は世の中で一番、お世話になっている人は親です。

また、世の中で一番、私達の将来について責任を持ち且つ損得抜きで方向性を指導していただけるのも親でしょう。子供の生殺与奪は親が握っているといって過言でありません。

そういう意味で親は一番、最初で最大、もっとも信頼でき、お世話になっている顧客かもしれません。

小さいときから親は子供達にさまざまな要求をしてきます。その要求に上手く応える者もいれば、親の要求に応えたいという思いはあるがボタンの掛け違いのようになってしまう者もいます。

顧客対応も似ています。「お客様のために」という気持ちがあるにも関わらず、全く違う行動や結果を提供してしまう者がいます。

カレーが食べたい人にオムライスを提供するようなものです。それでは良い結果が得られません。

人は家庭で育ちますので、ビジネスパーソンとなってからも親に対する接し方が影響しているようです。まずは「ニーズに沿って考えてみる」ということが重要です。そのようなエピソードです。

## まずはニーズに沿ってみる

私の大学生時代、知り合いになった電設会社（20名程のファミリー企業）の専務から依頼を受け、専務のご子息、M君の家庭教師をやることになりました。

専務曰く、親不孝な息子で勉強が嫌いだから進学しない。高校を卒業して働くと言っている。何とかしてくれないかというものでした。

私のM君の第一印象としては、喧嘩っ早そうだなという感じを受けました。身長が183センチで細身。通っている高校もそういう高校でしたが、何かしら温かみがあり、憎めない印象です。

M君宅に家庭教師に行って話をしました。

私　…「率直に聞くけど、お父さん（専務）からはM君は勉強が嫌いだから進学したくないと言っていると聞いているが本当に進学したくないの？」

M君…「……」

私　…「世の中には進学したくてもできない人も多い。進学してくれっていうのはとてもありがたい話だよ。それに経済的にも困っているわけでもないだろ？　本当に進学したくないの？」

M君…「僕の学力から考えると逆立ちしても、国公立大学には行けない。父が専務をやっている会社はファミリー企業で父の兄が社長です。決して苦しいわけではないけど、おいそれと僕の進学のお金があるわけではありません。もし、進学するとなったら、社長（叔父さん）にお金を借りることになり、父が社長（叔父さん）に頭を下げることになる。僕は5人兄弟の長男で後が控えているし、早く働いて父や兄弟の役に立ちたい」

私：「では、本当は進学したいんだね。ではなぜ、勉強が嫌いだから働きたいって父さん（専務）に嘘を言っているの？」

Ｍ君：「お金がないから、父に頭を下げさせたくないから、進学しないと言ったら父のプライドを傷つけることになる。そんなこと、言えません。私の責任で社長（叔父さん）に父が頭を下げることはさせたくないんです」

私：「気持ちは良くわかった。でも、それはお父さんを思いやっているようで実はＭ君はＭ君自身のことしか考えてないんだよ。Ｍ君は自分の気持ちを優先させているだけだよ。お父さんはＭ君が進学しない理由もわからず、親不孝な息子と思っている。私はすべてを聞いたのでＭ君の気持ちが理解でき良い長男であることがわかった。でもそれは、お父さんのためになっていないんだよ。お父さんはＭ君のためには頭なんか、いくらでも喜んで下げるよ。お父さんはご自身が進学できなかったので息子には進学して欲しいと思っているんだよ。勉強は邪魔にならないよ。今は百歩譲ってお父さんの意向に沿ってみようよ。将来、君が立派になってお父さんに恩返しすればすむことだから！」

結果、彼は進学しました。今はお父さんの会社とは全く違う、独立した電設会社を設立し社長となっています。

# 95 「護美箱」はとても大切なものだ

「どんな話でも人の話を真摯に聞く」、「人の嫌がる仕事をすすんでする」が見返りは一切求めない人がいませんか。

その人はみんなにとって、最も大切な人かもしれません。

## 自宅介護をする母

身の回りに決して目立つことはなく「どんな話でも人の話を真摯に聞く」、「人の嫌がる仕事をすすんでする」が見返りは一切求めない人がいませんか。

その人はみんなにとって、最も大切な人かもしれません。

私の母は寝たきりになって17年目ですが、祖母（母の義理の母）も寝たきりの生活が6年あり、その後、永眠しました。私の家は四人兄弟で男性ばかりです。

私が中学生の頃に、祖母が寝たきりになりましたが、今の母と同様、祖母も自宅介護を行いました。当時はほとんど、母が一人で祖母の世話をしていました。

自宅介護の経験がある方はよくおわかりと思いますが、寝たきりになるとよく夜中に目が覚めるものです。祖母もその例外ではなく、夜中に目を覚ましては、誰彼なしに呼んでいました。

母は私達が夜中に目を覚まさないですむように、祖母のベッドのすぐ横に布団をしき、目が覚めたら即、対応をして祖母が夜中に騒がしくしないようにしてくれました。母はほぼ毎日、しかも頻繁に夜中に起こされるのにもかかわらず、一切、不平不満やグチをこぼしませんでした。

中学生の私には母は何ともないのかな、全くしんどくないのかなと思うくらいに、母は粛々と理性的に、そしてたんたんとお世話をしていました。

## 母はなぜ、一言もグチをこぼさなかったのか

それからずいぶんの年月が経ち、私が大学を卒業したての頃でしょうか、何の話からかその話題になり、母に質問しました。

「今思えば祖母の介護は大変だったでしょう。全く手伝わずゴメンね。それにしても、よく文句一つ言わず頑張ってくれたね！　しんどくなかったの？」

「寅太郎、家には護美箱が必要なんだよ。当時、子供達が受験や就職したところという、大切な時期なのに、「大変だ！」とか「しんどい！」とかグチや不平不満ばかり言い続けたらどうなる。子供達の人生が無茶苦茶になってしまうだろう」。

## ゴミ箱は護美箱である

「ゴミ箱の意味は護美箱なんだよ。ゴミ箱は目立つ役割ではないし、誰からも褒めてもらえないけど、みんなが快適に暮らすにはとても大切なんだよ。寅太郎もすすんで世の中の護美箱になっておくれよ」。

この言いつけは守れていません。

# 96 「明るさ」は財産

## 父の喜寿のお祝い

私の父は、少年時代に戦争を体験していますし、被災もしています。

以前、父の喜寿のお祝いのときの話です。

父の喜寿のお祝いは私の幹事で執り行わせてもらいました。父は有名な私学の進学校を首席で卒業したにもかかわらず、「中卒」という珍しいキャリアの持ち主です。その有名中学は今でも灘中の次点というレベルの中学ですので、喜寿の会の際の同窓メンバーも、そうそうたるものでした。

父の親友と私に名乗り出た方は、テレビでもとりあげられた本にもなっている白物家電系事業部の元部長でした。スーツはもちろん、帽子から靴、ネクタイにいたるまですべてオーダーメイドというお召し物の紳士でした。

「君のお父さんは、家の全壊を二回経験しているんだよ。一回は、君も体験している阪神淡路大震災。もう一回は神戸の大空襲だよ。当時、神戸の焼け野原に二人で佇んだのを今でも鮮明に憶えているよ。焼夷弾からタールを抜きだして、火を起こし囲んだよ。これから先どうなるんだろうなあ～と不安で仕方なかったけど、君のお父さんのお父さん、つまり君の祖父も亡くなり、そして家もなくなって、その上、お母さんまで養わなければならない環境だったので、さぞかし不安だったろうと思うよ。でも君のお父さんは底抜けに明るかったなぁ。今、思えば悲観的になったら死ぬしかなかったからかもな、と思うよ」とのことでした。

## 父は港湾で働く日雇労働者

父は戦前の人では珍しく、必死で働くことに美学はありませんでしたし、転職を繰り返しましたので、相当、金銭面では苦労しました。私が生まれた家は三畳二間で七人住んでいました。もちろんお風呂もありませんし、借家の一階部分です。

父は港湾で働く日雇い労働者でしたので日給です。今日の分のお米を買うために、夕暮れ時に母に背負われて父が帰ってくるのを道に出て待ったのを憶えています。当時は市場が夕方に店じまいですので、早く帰ってきてくれないかなあと思っていました。まさに「赤貧洗うがごとし」です。お金がないのは父のせいだと私は恨んでいました。

大人になってからも、内心、父のことは釈然としませんでしたが、喜寿のメンバーやその仲間たちの話を聞いてよくわかりました。

鉛筆より重たいものをもったことのない父が、運命のいたずらで、荷車を引く仕事につきました。自分の母親を養わなければならなかったからです。友達とのあまりの格差に自分の運命を呪ったことでしょう。友達達は、高校、大学と進学し前途洋々たる未来。

一方、父は灼熱地獄の炎天下でアスファルトに鉄滑車が食い込むような日でも、そして吐いた息がその場で凍りそうな寒い日にも荷車を引く日々。

当時の肉体労働はちょっとしたことですぐ暴力を振るわれます。本当に辛かったことでしょう。父も家もなくなり普通の精神力なら耐えれない苦境であることは想像がつきます。仕事はドンドン投げ出しましたが、人生は投げ出さなかった。自分の父のことながら立派だなと思います。

## 母の自宅介護を17年

父は本当に明るいです。母の自宅介護を17年。

私も当然、手伝っていますが、やはり中心に介護を行っているのは父です。

介護は出口の見えないトンネルのようなものです。普通なら心の病になるでしょう。常に前向きで明るい父。

最近、母の病状について「だんだん良くなっているなあ～」といったくらいです。どう見ても良くはなっていません。本当に明るい父です。

少年時代は恨んでいましたが、父の素晴らしいところを見ることができ、心から尊敬できるようになりました。

父を尊敬できる人生と、父を恨む人生では雲泥の差があります。

明るいことは財産です。父を誇りに思います。

# 97 人間にとっては「害虫」

**良いところを見て暮らしたほうが上手くいく**

あの「害虫」みたいな人、誰か駆除してくれないかな…とまでは、いかなくとも嫌な人だなあと思う人は誰でも一人くらいは、いるものです。

ビジネスを通じて知り合った、ある減薬農法の従業者との話で感じたことです。

その方が言うには減薬をしたら確かに「人間にとっての害虫」は増えるのだが、それに伴って「人間にとっての益虫」も増えるから、思ったより生産量に影響がないとのことでした。

その方は、私と話をされている際に、「害虫」や「益虫」という言葉を使われるとき、必ず「人間にとっては○○」と「人間にとっては」という修飾語を必ず「害虫」や「益虫」の前に付けられるのです。「なるほど！」と、とても感激しました。「害虫」といってもあくまでも人間にとって害虫なだけであって、昆虫の種類によっては植物にとって種を拡散してくれる益虫かもしれませんものね。

あなたが、「嫌いなあの人」はどうでしょうか。誰にとっても「害虫」ですか。あなたには「害虫」でも、きっと誰かの役に立っているのです。家に帰ったら良いお父さんではありませんか。誰しも良いところと悪いところがあります。良いところを見て暮らしたほうが上手くいくのでないですか。

## 98　竹節ありて強し

### 今の節目を活かすのも殺すのも自分次第

人生もビジネスも、なかなか思うようにはなりませんね。

これほど頑張ったことはないというくらい頑張ったプロジェクトが「鶴の一声」でポシャってしまったとか、家族のために全力で頑張ってきたのに全く受け入れてもらえないとかです。

ですが、ガッカリしてはいけません。

「竹節ありて強し」といいます。

紆余曲折のない人生はあまりにも味気ないではありませんか？

また、グローバルな視点で考えてみれば、日本に生まれた、または育っただけでも地球上の全人口の割合から考えると、恵まれています。（まあ、先進国には先進国特有の悩みや苦労も多いですが…）

植物は「節から芽がふく」と聞いています。

今の節目を活かすのも殺すのも自分次第です。

あとから「あのとき、あの節目があったから今の私がある」と思えるように今を生きましょう。

## 99　「命」にかかわる職業に従事される方へ畏敬の念を抱いて

関東大震災をはじめ、阪神淡路大震災、東日本大震災と、大災害は今後も続きます。災害時に命がけで、「人を救う」ために働く人達がいます。

「命」にかかわる仕事に従事されている方は元々、人の命を助けたいがためにその職種を選択されている場合が多いです。しかしながら、仕事である以上、生産性を求められます。特に大災害時には救助の優先順位の決定という重大な意思決定を行う責任が発生します。

今回のエピソードは阪神淡路大震災時のレスキュー隊隊長の話です。

「次だ、次に行こう！　さあ、次を救出するんだ！」

阪神淡路大震災では、私の家は全壊でしたので、当時、68歳の両親をかかえてM小学校への避難を急ぐ道の途中での話です。建造物の隙間に挟まり動けない者がいるようでした。覗きこんだところ真っ暗で相当、奥の方からか細い声で「助けて～」と聞こえています。そこに、たまたま、レスキュー隊が通りかかりました。大型車両は瓦礫で移動できない道路状況でしたので、レスキュー隊は必要最小限の装備を持ち、5～6名を一班として救助活動にあたっているようでした。

### 「人を救う」ために働く人達

私達、家族は顔を見合わせ「この人は助かったなあ〜」と胸をなでおろしました。レスキュー隊が持つ数少ない装備にはライトがありました。そのライトで真っ暗な暗闇を照らすと奥のほうにうっすらと人影がみえます。その人は声を振り絞って「助けて〜」と言っています。レスキュー隊員達全員は、曇った表情で各々顔を見合わせ、その後、隊長の顔を見ました。

隊長は目をつぶって天を仰ぎ、首を横に振りました。押し殺したような何とも悲しげな声で「次だ、次に行こう！　さあ、次を救出するんだ！」。

そうです、今、レスキュー隊の手持ちの装備では到底、助けられないという判断です。ライトが消されました。「助けて〜」の声に後ろ髪をひかれるような面持ちでその隊員達はその場を去りました。勇ましく頼もしいレスキュー隊員のあんなに落ち込んだ背中を見たことがありません。

レスキュー隊員達全員の本当の気持ちは結果はともかく、そこに留まってでき得る限りのことはしたい、精一杯救助に全力をつくしたかったのです。

ところが、この状況下における、レスキュー隊の仕事は効率的に一人でも多くの人の命を救うことです。レスキュー隊は次に進むしかなかったのです。隊長は次に進む命令を下すしかなかったのです。私達、家族は呆然と、レスキュー隊を見送りました。なすすべもなく、家族で顔を見合わせもう一度、暗闇の中を覗きこみましたが、我々の力では、どうしようもなさそうです。私たちはその場を立ち去りました。

今、思えばできてもできなくても、何かすべきだったでしょう。当時の私の判断としては68歳の父母をいつまで続くかわからない避難生活を少しでも楽に暮らせるように、少しでも早くM小学校に行って良い場所を確保しなければいけないという思いでいっぱいでした。自分の家族のことしか考えなかったのです。今思えば本当に非人道的なことをしたと思います。

## 命にかかわる仕事の厳しさ、リーダーの辛さ

それからしばらく経ってからのことです。震災も一段落した頃、そのレスキューの隊長がテレビでインタビューを受けているのを見ました。

隊長は「私は人を助けたいのでレスキュー隊を志望しレスキュー隊で頑張ってきました。震災以前も救助が上手くできず、その方が亡くなってしまった経験はありました。しかしながら、救助を打ち切った経験はなく、助からなかったとしても自分達にできる精一杯をやってきました。亡くなった方には申しわけありませんでしたが、悔いが残ったことはありませんでした。

ところが震災は人の救助に優先順位をつけねばなりません。はっきりいうと人を見殺しにしたのです。頭ではそうするしかなかったと理解しています。震災時に救助で頑張った、やれることは全てやったという自負はあります。

しかしながら、結果的にたくさんの人を見殺しにしたのは事実です。多くの人の「助けて〜」の声が頭から離れません」と涙ながらに語っておられました。命にかかわる仕事の厳しさ、リーダーの辛さ、想像を絶するものと思います。その隊長が元気で暮らされていることを願ってやみません。

## 100 「倍返し」より「恩返し」で

### お世話になったことを忘れず感謝し続ける人生

２０１３年は「倍返し」という言葉が流行語年間大賞の一つに選ばれましたが、殺伐とした時代を反映しているのではないでしょうか。

いつの時代に限らず、本来、人間は生きる過程でたくさんの人達にお世話になっています。しかしながら、人間、だれしもお世話になったことは忘れがちで、恨みごとはいつまでも覚えているものです。だからといって、その考え方でよいのでしょうか。

お世話になったことを忘れず感謝し続ける人生と、恨みをいつまでも憶え続ける人生とでは、どちらが豊かでしょうか。

考えるまでもありませんね！

「恨み」は、ある程度、成功のための「バネ」になることは事実ですが、その感情は負の領域を超えることはありません。「人を呪わば穴二つ」とはよく言ったものです。恨みは「仇討」のごとく連鎖し続け、誰も幸せにすることはありません。

ビジネスにも同様で良い影響はありません。

「恨み」の感情はその人の心からの笑顔を消し去ります。

笑顔の消失した人とビジネスパートナーとなりたいですか。

また、お客様になりたいでしょうか。

一時は成功したとしても「恨み」の力で長期的な成功をおさめている人には、会ったことも、見たこともありません。

## 「恨み」は水に流して、お世話になった「恩」こそ「倍返し」の精神

日本には、「水に流す」という良い言葉があります。

水にはさまざまな素晴らしい働きがあります。例えば、生命には欠かせないものです。また、清潔であるためにも欠かせません。煮沸消毒を行えば日常生活ではほとんどこと足りるでしょう。その大切な水の働きの中でも重要な働きの一つである、「清める」という働きがあります。

水はさまざまなものを洗い清めます。しかしながら、いくら清い水でも、流れが止まるといずれ腐ってしまいます。水は流れるから清いのです。

嫌なことをいわれた、酷いことをされた、貶められた…いろいろあるでしょう。しかしながらお世話になった人もたくさんいるはずです。

「恨み」は水に流して、お世話になった「恩」こそ「倍返し」の精神で生きてみませんか。

きっと、ビジネスは良い方向に転換し、家庭もあたたかいものに変わります。

## おわりに

### 本書の考え方の要諦は「感恩報謝」

「感謝」は「感温報謝」が略された言葉という説がありますが、厳密には違う言葉と私は考えています。「感謝」とは「ありがたいと思う気持ちを表すこと」という旨の意味です。

一方、「感温報謝」とは、「感謝」という言葉の意味に「恩に報いる」という意味が加わります。つまり「感温報謝」とは感謝の意を表し、そして更に恩に報いた時に成立する言葉なのです。恩に報いていくためには何らかの行動を起こさなければ成り立ちませんので、ありがたいという気持ちの表明にとどまらず、行動が伴うということです。いくらありがたいと思っても何かしら行動に移すことがなければ、結果の変化は期待できません。

本書は、その「感恩報謝」の心を背景に実行した具体的行動の事例です。本書があなたが抱える問題や悩みの解決に役立つことができたのでしたら、本当にうれしいかぎりです。

最後になりましたが、本書作成にあたっては、現顧問先である三宮の「俺のカレーグリルピラミッド」のオーナー杉山様、奥様をはじめ、過去にご縁のあった私のつたない経営指導にお付き合いいただいたさまざまな職場や会社の社長はじめ従業員の皆様、そして生んでいただいた両親、いつも相談相手になってくれる家内やお義父様、お義母様など本当にありがとうございました。

今後も、皆様のお役に立てるよう感恩報謝で頑張りますので引き続きよろしくお願いいたします。

菅野　寅太郎

## 【参考文献】


「孫子の兵法」守屋洋著　知的生き方文庫
「ブルーオーシャン戦略」Ｗチャンキム著　ランダムハウス
「イノベーションのジレンマ」クレイトン・クリステンセン著　翔泳社
「文化防衛論」三島由紀夫著　ちくま文庫
「マタイによる福音書」ＡＭマッケンジー著　日本キリスト教出版局
「逸話のこころたずねて」天理教道友社編
「七つの習慣」スティーブンＲコービィー著　キングベアー出版
「スティーブジョブズ驚異のプレゼン」カーマインガロ著　日経ＢＰ
「老子」金谷治著　講談社学術文庫
「ビジョナリーカンパニー２　飛躍の法則」ジェームズＣコリンズ著　日経ＢＰ
「経営戦略を問い直す」三品和弘著　ちくま新書

## 著者略歴

**菅野　寅太郎**（すがの　とらたろう）

シングルヴィジョンコンサルティンググループ代表。

専門分野：経営理念、経営戦略、人事制度、法務。

1967年神戸市生まれ。神戸大学在学中に起業（ﾂｱｰ＆ｲﾍﾞﾝﾄ会社）

1996年国立神戸大学経営学部会計学科卒業。同年大手(格付会社 S&P aa クラス)物流会社に入社。

1995年同社品質管理部にて提案制度、QC サークル活動事務局。

1998年品質 ISO 認証取得プロジェクトリーダー。

2000年環境 ISO 認証取得プロジェクトリーダー。

2004年グループ会社設立の事務局責任者。

2007年同社経営企画部管理職。

現在に至る。

**問題の解決に効く100のビジネスサプリ**

2014年3月20日　初版発行

著　者　菅野　寅太郎　©Torataro　Sugano
発行人　森　　忠順
発行所　株式会社 セルバ出版
〒113-0034
東京都文京区湯島1丁目12番6号 高関ビル5B
☎03（5812）1178　FAX 03（5812）1188
http://www.seluba.co.jp/
発　売　株式会社 創英社／三省堂書店
〒101-0051
東京都千代田区神田神保町1丁目1番地
☎03（3291）2295　FAX 03（3292）7687

印刷・製本　モリモト印刷株式会社



Printed in JAPAN
ISBN978-4-86367-148-5